Penispeter und Hodenhannes –
Die Trilogie

vom kleinen Sack zum großen Sack

Was Schwanz und Sack noch lernen müssen:
„In Konkurrenz läuft es beschissen!"

Weil erst am Ende jeder Mensch versteht:
„Dass miteinander wirklich alles besser geht!"

Die Trilogie aus Penispeter und Hodenhannes:

Teil 1: der harte Weg bis zur Erkenntnis
9-783-744-898-546

Teil 2: Die Rebellion der Hoden
9-783-746-018-690

Teil 3: Die Erkenntnis - eine Frage des Charakters
9-783-746-062-549

Ilgen Spock

Penispeter und Hodenhannes - Die Trilogie

vom kleinen Sack zum großen Sack

Ilgen Spock

Die Deutsche Nationalbibliothek verzeichnet diese Publikation in der Deutschen Nationalbibliografie; detaillierte bibliografische Daten sind im Internet über http://dnb.dnb.de abrufbar.

Illustration: Ilgen Spock

Herstellung und Verlag: BoD – Books on Demand, Norderstedt

ISBN: 9-783-746-064-376

Inhaltsverzeichnis:

DER HARTE WEG BIS ZUR ERKENNTNIS
WIE EIN KLEINER SACK ZUM MANN IN SEINEM LEBEN WIRD

Teil 1

...endlich hört er mit dem Denken auf...

DIE EWIGE FREUNDSCHAFT

Es ist ein ganz normaler Samstag im Dorf. Eigentlich ist es kein Dorf mehr, sondern schon eher eine Kleinstadt. Doch dafür ist es auch wieder zu klein. Also doch ein Dorf. Ein Dorf am Rande zur nächsten Stufe.

Hier haben Freundschaften noch eine tiefe Bedeutung. Manche bestehen schon seit Generationen und werden auf die Nachkommen übertragen. Andere entwickeln sich natürlich auch im Laufe der Zeit. So wie es immer passiert, wenn viele Menschen miteinander leben.

Streit gibt es eher selten. Doch wenn es ihn gibt, dann dauert er lange. Und er ist intensiv. Da gibt es richtig was zu erzählen im Kleinstadtdorf. Es weiß dann gleich jeder bescheid und hat etwas zu melden. Schließlich kennt hier jeder jeden. Und kennt einer mal jemanden nicht, dann kennt der einen der ihn kennt.

Es ist Vormittag und zwei ganz bekannte Gesichter ziehen durch die Straßen. Es sind zwei Typen, zwei besondere Typen. Befreundet sind die schon ewig. Keiner weiß so richtig wie lange.
Und die beiden sind launisch. Immer anders drauf. Gerade der Große kann wirklich unangenehm werden. Man sollte sie nicht zu offensichtlich beobachten. Es

gibt solche Tage, an denen mögen die das nicht. Psssst – sie kommen. Was sie wohl gerade denken?

„Was läuft der Spinner denn so schnell?
ich ihm gleich seine Beine stell.
Er weiß genau: Ich bin klein und dick!
Das sieht man auf dem ersten Blick."

„Ich kann den nicht mehr sehen. Dieser kleine träge Sack. Wie der hinter mir her schleicht. Der kommt nicht aus dem Knick. Der sollte sich vielleicht mal seine Haare rasieren. Dann sieht er wenigstens wohin er tritt."

Penispeter und Hodenhannes – die unzertrennlichen Freunde. Ein Herz und eine Seele. Aber wie die aussehen. Penispeter so groß und drahtig, einfach durchtrainiert. Seine Glatze steht ihm so gut.
Und Hodenhannes? Man meint er wäre hundert Jahre alt. So viele Falten! Und richtig schwammig ist er. Würde er sich wenigstens pflegen. Aber seine Haare verdecken sein Gesicht, seinen Körper, einfach alles. Unterschiedlicher können zwei Menschen nicht sein.

„Peter, Penis, Penispeter! Wo gehn wir hin?
Welches Ziel hast du im Sinn?
Lass uns bitte kurz verschnaufen,
dabei könn wir ein Bierchen saufen!"

„Hodenhannes! Mein schlauer Freund. Das ist eine wunderbare Idee. Bisschen Mut antrinken und dann gehen wir auf Weibersuche. Ich hoffe mein Ruf ist nicht total ruiniert durch das Getratsche hier in dem Kaff. Aber wenigstens gebe ich mich aus Mitleid auch mit dir ab. Das gibt Pluspunkte!"

Beide sitzen im Biergarten. Es dauert nicht lange und Penispeter erntet heiße Blicke. Das gibt Kraft und Selbstvertrauen. Er steht nun auf und trinkt dabei sein Bier. Die Brust drückt er raus und den Bauch zieht er ein. So formschön wie er sich macht, nur wegen den flirtenden Blicken.

„Na! Hodenhannes. Das hat sich doch gelohnt hier. Schau wie die zu mir gucken. Was gammelst du so rum? Stell dich mal hin und versuch auch eine davon zu beeindrucken!"

„Er hat ja recht. Ich würde gern!
Ich möchte ihm so nacheifern.
Doch irgendwie, ich weiß nicht warum,
ich wirke einfach fett und dumm.
Sein Beisein färbt vielleicht auf mich ab,
dass ich mal bessre Chancen hab."

Doch Hodenhannes kommt einfach nicht gut an. Zumindest bei den beiden Schönheiten hat er das Nachsehen. Man sieht es deutlich an den Blicken. Sie betrachten lieber Penispeters sportliche Figur als den zotteligen Kartoffelsack Hodenhannes.

Wenn man sich die beiden so betrachtet fällt besonders auf, dass Hodenhannes einfach erschöpft wirkt.

ARBEIT, ARBEIT, ARBEIT

Ganz anders Penispeter. Er wirkt erholt und frisch, eben voller Energie.

Leicht taumelnd, es sind ein paar Bier mehr geworden, machen sie sich wieder auf die Spur.

Hodenhannes wirkt unzufrieden. Man merkt es deutlich. Er ist zwar schon immer so ein träges Sackgesicht. Aber heute ist es besonders auffällig. Er dachte schon so manches Mal über sein Leben nach.

„Macht die Arbeit denn noch Sinn;
so erschöpft wie ich dann bin?
Schichten: Früh, mal spät, mal Nacht!
Und was hat es mir gebracht?

Verbraucht und alt - so wirke ich.
Ohje! Ein Spiegel. Ich schäme mich!
Zum kotzen ist das alles hier.
Und zum Überfluss stink ich nach Bier!"

Nach diesen Gedanken fragt Hodenhannes:
„Penispeter! Es fällt auf:
Dein Wohlbefinden geht nur Berg auf.
Du scheinst erholt und voller Power.
Wie machst du das? – Erklärs genauer!
Sag mir endlich frei heraus!
Wie sieht denn deine Arbeit aus?"

„Ach Hodenhannes. Es hört wohl nie auf. Da beleidigst du mich mit diesem Begriff: Arbeit. Ich habe dir schon so oft gesagt, dass ich das schwer erklären kann. Erkläre mal einem Maulwurf was ein Grundstücksmakler macht! Er wird es nicht verstehen.
Und du begreifst genauso wenig was ich mache. Sei froh über das was du kannst und tust. Alles andere ist viel zu kompliziert. Ich find es toll und bewundere dich für deine Tüchtigkeit!"

Doch Penispeter sagt nicht was er wirklich denkt:
„Der soll mal schön weiter ordentlich arbeiten der Idiot. Irgendjemand muss es ja tun."

Das Bier läuft weiter und weiter. Maulwurf, Grundstücksmakler? Was ist denn das für ein Vergleich? Was hat der Maulwurf mit dem Grundstück zu tun? Der buddelt und buddelt, egal was mit dem Grundstück ist.

Hodenhannes denkt nicht mehr darüber nach. Er hat ganz andere Sorgen.

„Mensch es ist erst Nachmittag.
Ich trinke hier, Schlag auf Schlag.
So richtig gut ist das glaub nicht,
ich bin schon richtiggehend dicht.
Mein Gleichgewicht, es gibt schon nach.
Bloß gut! Gebaut bin ich sehr flach. "

„Da hat der Hodenhannes wirklich mal einen Vorteil
mit seinem dicken Schwabbelkörper. Der kann nicht
umfallen. Und ich? So groß gebaut. Zu viel Bier. Ich
kann nicht mehr richtig stehen.
Ohje! Ich falle auf Hodenhannes. Da lande ich weich. "

Penispeter kann sich kaum noch halten. Er braucht
Hodenhannes jetzt dringend. Er muss ihn auffangen.
Hodenhannes weiß das genau.
Und er hilft ihm natürlich. Hodenhannes ist nun mal ein
Lieber. Er opfert sich gern für andere, gibt immer alles
und erfreut sich dann an der Dankbarkeit. Darum wird
er auch weiter arbeiten gehen. Und nicht so wie
Penispeter irgendwas erzählen von zu kompliziert oder
dergleichen. Hodenhannes ist ein Ehrenmann.

„Sei stolz dass du mir helfen kannst. Richtig kräftig bist
du. Denkt man nicht bei so einem Kartoffelsack.
Das ist alles deine Schuld! Hätten wir uns mal an die
Weiber rangeschmissen. Dann wären wir jetzt nicht so
betrunken! Aber du hast ja nur rumgelegen!"

„Was mault der rum? Er braucht mich doch!
Ich werf ihn gleich ins nächste Loch!
Doch eigentlich, so denke ich,
spricht diese Hilfe auch für mich.
Es ist doch gut das zu ertragen,
zu helfen ohne nachzufragen.

Egal was der so immer sagt,
worüber er sich so beklagt.
Ich helfe ihm und bemüh mich sehr.
Es kommt zurück! Die Welt ist fair. "

Am Abend kommt Penispeter irgendwie in sein Bett. Allein hätte er das nie geschafft. Er wäre unterwegs sicherlich irgendwo verrottet oder im eigenen Keim erstickt. Vielleicht wäre er aber auch vor ein Auto gelaufen. Oder es hätte ihn an den nahe liegenden See verschlagen. Dort wäre er dann ertrunken.
Möglichkeiten gibt es so einige. Doch wofür hat man Freunde? Freunde die aufpassen, dass man gesund in die eigenen vier Wände kommt. Freunde die allerdings auch hoffen, dass daraufhin irgendeine Art Dankbarkeit zumindest angedeutet wird.

Und Hodenhannes selbst? Man weiß es nicht. Ihm hilft keiner. Aber auch er hat es nach einigen Stunden irgendwie allein geschafft.

IMMER DAS GLEICHE

Zumindest ist es ihm gelungen, denn er wacht zu Hause auf. Die Wohnungstür steht zwar noch offen und im Korridor ist ein seltsamer Fleck. Aber er ist zu Hause. Er hat es ganz allein geschafft. Ein guter Junge.

Er geht auf seltsame Weise ins Bad und erschreckt sich wirklich sehr. Da steht ja einer! Voll vermummt im Gesicht und stierend stellt er sich vor Hodenhannes. Er erschreckt sich so fürchterlich, dass auch der andere einen Schreck bekommt.
Es ist seltsam. Der Schreck und die Bewegung. Das mit Haaren vermummte Gesicht. Den kennt Hodenhannes doch. Achso! Es ist ein Spiegel.

„Alkohol trink ich nicht mehr,
mein Schädel hämmert viel zu sehr.
Die Qual wenn ich zum Fenster seh,
da tun mir so die Augen weh.
Und der Geschmack in meinem Mund.
Ich könnte kotzen! Jede Stund.

Und erst recht der drehnde Kopf,
ich ihn gleich voll Tabletten stopf.
Gegen Schmerzen und noch Koffein,
so wird das Elend sich verziehn. "

Hodenhannes sieht schlimmer aus als sonst. Und das mag was heißen. Noch wilder sein Haar und noch mehr Falten im Gesicht.

So langsam erinnert er sich an das Geschehene. Es kommt zurück. Das ist beruhigend. Aber! Was kommt da zurück? Die Beleidigungen durch Penispeter. Wie er ihn behandelt hat. Die Mundwinkel fallen nach dem kurzen Auftrieb gleich wieder nach unten.

Es dauert nicht lange und Penispeter steht vor der Tür.

„Hodenhannes. Wie geht es dir? Das war gestern ganz schön viel. Zu viel muss ich sagen. Aber ich bin gut nach Hause gekommen. Ich habe mich halt trotzdem unter Kontrolle.

Und bei dir? So ein asozialer Fleck mitten im Eingang. Das ist ja peinlich. Machst du das nicht weg? Schau mich an. Mir geht es zwar nicht gut. Aber ich sehe blendend aus. Du bist peinlich! Wirklich!"

„Ich weiß nicht was ich sagen soll.
Ich bin noch immer ganz schön voll. "

Hodenhannes kann nicht viel reden. Jedes Wort wird von der Angst begleitet, dass ein wenig Mageninhalt unkontrolliert aus dem Gesicht fällt.

Einige Zeit später raffen sich die beiden auf und gehen einkaufen. Langsam kommt der Hunger durch.

Einige Momente danach im Geschäft. Da ist sie! So ein Anblick. Ein echter Traum und wunderschön. Penispeter will natürlich anbändeln. Das will er immer.

„Hodenhannes! Lächel mal. Wenn du trinken kannst musst du es auch wegstecken können. Was bist du für eine Mimose!"

Natürlich sagt er es so laut, so betonend, dass das schöne Weibchen davon Notiz nehmen muss. „Was für ein Mann!" soll sie wohl denken. Aber ihre Blicke sagen eher: „Was sind das für Chaoten?"

„Der Idiot! Er tut es wieder.
Macht mich grundlos richtig nieder.
Warum ich mich nicht verbal räche?
Ich habe Angst, dass ich erbreche.
Jedes Mal die gleichen Tücken!
Sein Ego wächst auf meinem Rücken.
Mich drückt es runter, ich knicke ein.
So muss es wohl bei Freundschaft sein!? "

„Penispeter! Geh doch hin!
Du bist so toll! Es hätte Sinn.
Ich weiß wie peinlich ich ausschau.
Ich hoff, dass ichs dir nicht versau."

„Du musst mir nicht sagen was zu tun ist. Das weiß ich sehr wohl selber! Aber sie muss den Eindruck haben, dass ich nicht so bin wie du. Mit dem Gesaufe. Ich bin es ja auch nicht. Aber sie muss es wissen. Ich weiß wie! Stell dich neben sie und taumel rum. Los! Mach schon!"

„Ich werde es tun. Es fällt mir leicht.
ich hoffe, dass er was erreicht. "

„Mensch du peinlicher Kerl! Geh von der Lady weg! Das kann doch nicht sein. Langsam habe ich keine Lust mehr auf diese Freundschaft. Immer blamierst du mich und ich muss deine Fehler ausbaden. Diese Nacht habe ich kaum schlafen können wegen deinem Mist. Ich musste ständig aufpassen! Und hier geht das weiter!"

Tatsächlich. Penispeters Plan funktioniert. Sie schaut ihn auf einmal mit ganz anderen Augen an.

„Es ist wie immer! Für ihn ists gut.
Er hat eben auch richtig Mut.
Ich hingegen? Ich hab Bange!
Erfolg versagt bei mir schon lange.
Woran mag das denn wirklich liegen?
Ich tu mich doch für ihn verbiegen.
Das muss doch irgendwann was bringen!?
Ich mach weiter so! Es wird gelingen. "

Sogar Penispeter spricht ihm auf einmal gut zu.

„Sei geduldig! Jeder hat mal Glück und Erfolg."

WARTEN BIS ES ZU SPÄT IST

Eines muss man Penispeter lassen. Er weiß wann er was sagen muss. Da kann er noch so betrunken sein oder einen Kater haben. Da können noch so schöne Frauen kommen. Den Hodenhannes bekommt er trotzdem beruhigt und motiviert.

Und so kommt es, dass Hodenhannes für Penispeter gern weiter seine Opfer bringt.

Penispeter geht nun richtig ran. Der Zustand nach so einem alkoholreichen Tag ist sowieso immer etwas besonders. Penispeter hat richtig Lust und gleichzeitig eine Art Gleichgültigkeit, die ihn etwas unnahbar erscheinen lässt. Er ist zwar müde aber spitz. Eigentlich nichts tun. Aber Sex geht immer.

„Hei schöne Frau! Ich habe eine tolle Nachricht für dich. Ich sehe es. Du bist unentschlossen. Traust dich nicht. Ich sag dir was. Ich bin erreichbar für dich. Ja wirklich! Wenn du möchtest. Ich würde mich tatsächlich mit dir abgeben.“

„Was ist das für ein dummer Spruch?
Da hat sie von ihm gleich genuch!
...
Doch nicht!? Was ich da so seh.
Ich die Welt nicht mehr versteh.“

Sie schmeißt sich so an Penispeter ran. Das ist unvorstellbar. Und nun? Der Druck baut sich im Körper auf, das Blut zirkuliert. Penispeter wird größer und steht da, voller Stolz!

Und jetzt? Er muss es verbergen und schafft das gerade so. Sein Kopf fängt nämlich mächtig an zu hämmern. Es sind einfach extreme Schmerzen. Ja, da kommt der Kater wieder.

Was nun? Müde, ziemlich erregt und enormes Kopfweh. Und die Chance auf eine richtig heiße Frau. Wie löst man das?

„Mein guter Freund. Hodenhannes. Ich brauch deine Hilfe. Ich schaffe das sonst nicht. Ich krieg das nicht hin mit den Kopfschmerzen. Pass auf! Du hilfst mir und ich sorge dafür, dass du nach mir drauf kannst. Ich weiß schon wie ich das mache. Ich verspreche es dir!"

„Hm! Ich hab schon lang nicht mehr.
Und Bock habe ich ziemlich sehr.
Nur nach dem(!) über sie rutschen,
in seine Rester hineinflutschen?
Irgendwie - schön ist das nicht!
Doch ob ich deswegen verzicht?
Sonst gehn wir beide in die Wanne.
Ich mach sie sauber für meine Tanne!"

„OK mein Freund, wir tun es so!
Du nimmst vorn, dann ich den Po!"

Der Plan steht. Und es ist ein guter Plan. Wie zwei beste Freunde eben sind.

„Hodenhannes. Besorg mir Schmerztabletten für meinen Schädel. Der hämmert wie verrückt. Du musst sie mir irgendwie versteckt geben. Ich lass die Türe offen. Aber verhalt dich leise! Denke daran. Sonst versaust du es dir nur selbst!"

„Jetzt muss ich aber hinne machen,
sonst hat der Gute nichts zu lachen.
Schnell Tabletten kaufen gehn!
Sonst wird er den Akt nicht bestehn."

Jetzt ist Hodenhannes erstmal richtig unter Stress. Natürlich tut auch ihm ordentlich der Kopf weh. Aber die Vorfreude auf das schöne Weib lässt ihn den Schmerz ertragen.
Er rennt durch die Stadt und zur nächsten Apotheke. Und dann? Keine Pause. Zurück zu Penispeter. Er braucht sie dringend. Der ist nicht so tapfer und kann mit solchen Kopfschmerzen einfach keine Leistung bringen.

„Ah! Die Wohnung, endlich gefunden!
Ohje! Die Füße! Offne Wunden.
Beim Rennen hab ich mich verletzt,
wieder zu schnell rumgehetzt.

Die Türe offen. Ich geh rein.
Wo werden wohl die beiden sein?
Ich höre wilde Stöhnerei,
die sind wohl schon mitten dabei.

Wenn ich mich ganz flach gestalte;
sieht sie mich nicht, die geile Alte.
So pirsch ich mich an das Bett ran.
Oh die Brüste: Mann oh Mann!

Autsch!! Oh Mann! Mein Kopf – das schmerzt!
Die Lampe direkt drauf gestürzt.
Penispeter sieht mich ningeln,
er wöllte sich vor Lachen gringeln.

Doch heimlich-beherrscht nimmt er die Pille,
ich verschwind in aller Stille.
Kurz dreh ich mich nochmals rum,
Penispeter guckt ganz dumm.
Er fordert nun, man glaubt es kaum,
etwas zum Potenz aufbaun.

Ich rase wieder zu Fuß geschwind.
Dass ich schnell was Gutes find.
Denn Peter zeigt mir nochmals an:
Gleich nach ihm bin ich dann dran. "

Hodenhannes ist wirklich nicht zu beneiden. Erneut
rennt er zur Apotheke. Vollkommen erschöpft und

schmerzerfüllt besorgt er das beste Viagra für Penispeter. Tja! Unter Alkohol ist der Wille stark und die Schwäche stärker. Ohne Hilfe geht da nichts.

„Endlich geschafft, es ist so weit.
Und wie ich seh. Es wurde Zeit.
Penispeter hängt schon ab,
die Kapseln bring ihn gleich auf Trapp.

Und wieder schleiche ich mich hin,
schieb ihm die Kapsel übers Kinn.
So macht er weiter wie verrückt,
er alles in die Frau rein drückt.
Ich erschöpft und voller Schmerz;
liege da und beruhig mein Herz. "

„Hodenhannes. Ich bin fertig. Oh man. Ich bin durch. Ich hoffe du kannst mit mir mithalten. Ich muss jetzt schlafen. Geb dir richtig Mühe. Ich habe dich gelobt und sie total heiß gemacht. Die will den Hodenmann. Wenn du jetzt versagst helf ich dir nie wieder!"

„Danke dir! Ich bin so weit.
Hat sie schon die Beine breit?
Endlich komme ich zum Schuss,
das Glück auch mal zu mir komm muss."

Doch Hodenhannes tut alles weh. Bewegen? Er kann es nicht. Sein Rücken, sein Herz und sein Kopf. Er ist am Ende. Gewartet, gearbeitet und die Hoffnung. Was nun?

„Endlich könnte ich genießen,
doch jetzt kann man mich nur erschießen.
Ewig Arbeit und die Mühe,
wie eine Pflanze ich verblühe.
Die Hoffnung trieb mich gut voran.
Zu weit bis hier, das war es dann.

Es erinnert an mein Vater.
Sieht heut fast aus wie ein Hader.
Sein Leben lang ganz schwer gerackt,
zum Rentenstart er dann versackt.

Tun könnt er Vieles. Die Zeit ist da.
Doch der Körper machts nicht wahr.
Genauso geht es mir hierbei.
Ich wirk wie ein zerschlagnes Ei."

Hodenhannes geht nach Hause. Er will nicht mehr. Aber dem Penispeter macht er natürlich keine Vorwürfe. Er hat ja sein Wort gehalten. Er hat ihm die Frau verschafft.
Doch hätte er ihm nicht einfach mal eher sein Glück gönnen können?
Wie dem auch sei. Hodenhannes geht nach Hause und ins Bett. Er schläft und erholt sich. Seine Wunden

müssen heilen und sein geschundener Körper muss neue Kraft tanken.

Und Penispeter? Der liegt auf der Couch. Erschöpft und befriedigt träumt er vor sich hin. Beide sind müde. Der eine von den Freuden des Lebens und der andere ohne den diese Freuden nicht möglich gewesen wären.

ALLES NUR VERARSCHE

Hodenhannes hat nun einmal richtig lange ausgeschlafen. Es tat ihm gut. Er sieht auch wieder etwas gesünder aus. Zumindest haben die Falten auf seinem Körper keine Falten mehr. Aber es dauert nicht lange und… ihm fällt ein: Er hat gestern eine gute Chance verpasst. Und! Diese Chance ist weg. Sie kommt nie wieder. Das ist schon sehr ärgerlich.
Doch Hodenhannes hat in seinem Leben gelernt nach vorn zu schauen. Sich nicht über Vergangenes zu ärgern. Jedenfalls nicht übermäßig lange.
Heute bekommt er Besuch. Es ist seine enge Verwandtschaft. Oder langjährige tiefe Freunde. So genau weiß das keiner. Sie heißen LEi und REi, auch so geschrieben. Das sind zwei seltsame Typen. Sie sehen ein wenig aus wie zwei Eier. Aber sie sind gute und verlässliche Freunde. Hodenhannes konnte sich immer

auf sie stützen. Wenn die drei zusammen sind, dann wirken sie wie eine unschlagbare Einheit.

Hodenhannes scheint seine Rolle dabei zu genießen. LEi und REi bewundern ihn und blicken zu ihm auf. Sie hören auf ihn und beneiden ihn um seine Intelligenz.

Hodenhannes berichtet gleich vom gestrigen Tage, allerdings etwas abgewandelt.

„Mensch ich muss euch was erzählen:
Gestern wars, ich konnte wählen.
Nämlich zwischen manchen Fraun.
Genauso wars! Ihr könnt mir vertraun.

Mit Penispeter zog ich rum.
Nun glaubt mir mal! Schaut nicht so dumm!
Wir trafen ein so schönes Weib,
ich wusste dass ichs mit ihr bald treib.
Und wirklich! Es geschah ganz leicht.
Ich hab das Ziel sofort erreicht.

Ein wenig half mir Penispeter,
drum durft auch er und ich dann später.
Doch Fakt ist, und das ist so klar,
von uns beiden war ich der Star!"

LEi und REi glauben ihrem vertrauten Partner Hodenhannes. Auch sie wollen gern einmal wieder zum Schuss kommen. Es ist schwer eine Frau zu finden. Sie sind zwar zu zweit, es gibt viele Frauen die sich von zwei Kerlen verwöhnen lassen wollen. Aber sie sehen einfach nicht gut aus. Eben ein Körper wie ein Ei.

Der kleine spitze Kopf geht fließend in den Hals über. Der Hals ist dicklich und hebt sich optisch kaum vom Oberkörper ab. Die üppigen Taillen und die fetten Hintern der beiden sorgen für eine Verbreiterung der Erscheinung in Richtung Bodennähe. Nur die Beine darunter wirken etwas dünner. Jedoch sehr sehr kurz.

LEi und REi beschließen zu Penispeter zu gehen. Sie wollen herausfinden wie er dem Hodenhannes geholfen hat. Wenn die nur wüssten wie es wirklich lief.

„Was? Ihr zwei Spinner wollt eine Frau klar machen? Habt ihr jemals euren Schwanz gesehen? Bei diesen Körpern ist das doch schwer. Habt ihr denn überhaut einen?"

Die zwei wollen gerade wieder gehen, da fällt Penispeter etwas ein. Er ist gemein! Aber nicht dumm.

„OK. Ihr meint es ernst. Tut mir leid. Natürlich habt ihr einen Schwanz. Ich rieche es doch. Also passt auf. Ich habe hier solchen Schmuck. Wunderschönen Schmuck. Den habe ich vom Urlaub aus einem fernen Land mitgebracht.

Die Weiber stehen darauf. Damit bekommt ihr jede rum. Er zeugt von Geschmack und Reichtum. Von Stil und Charme. Tragt den und sie werden euch zu Füßen liegen. Schaut Hodenhannes an. Er hatte nicht einmal diesen Schmuck. Allein weil ich ihn trug haben die Weiber auch ihn vergöttert. Ihr könnt nicht verlieren.

ABER! Wenn ihr ihn habt, dann hab ich ihn nicht mehr. Ich bin selbstlos bereit eine gewisse Zeit darauf zu verzichten. Für euch und euren Erfolg. Weil ihr mir als gute Freunde von Hodenhannes wichtig seid.
Einen kleinen Obolus möchte ich dennoch haben. Jeder bekommt fünf Schmuckstücke. Ich passe auf! Und in einem Monat gibt mir jeder sechs Schmuckstücke dieser Art zurück. Als kleine Entschädigung. Denn ich werde in dieser langen Zeit keinen derartig guten Erfolg bei den Frauen haben."

Begeistert von dem kleinen Preis sagen LEi und REi sofort zu. Sie werden jeweils das sechste Schmuckstück schon auftreiben. Im Internet oder irgendwo anders. Darüber wird jetzt noch nicht nachgedacht.

„Aber macht euch keinen Stress. Wenn ihr mir nicht sechs Schmuckstücke zurück geben könnt, dann bekomm ich die Nummern der Weiber. Und wenn das auch nicht geht, dann bezahlt mir eben das fehlende Stück. Wichtig ist nur: Ich bekomme etwas!"

Vor Freude strahlend ziehen sie los. Und die Frauen? Rotgelbe Ketten und grüne Ohrringe? Ein dickes Armband in Form eines Schmetterlings? Exotisch wirken die Schmuckstücke schon. Die gibt es so wirklich nicht zu kaufen. Kein Wunder! Das trägt auch kein Mensch.

Nach knappen vier Stunden ohne Erfolg besuchen die beiden Hodenhannes wieder. Sie sind noch immer voller Euphorie und zeigen stolz die Schmuckstücke. Sie erzählen von ihrem tollen Deal mit Penispeter. Dass sie nur ein Stück mehr zurück geben müssen.
Und wenn das nicht klappen sollte, dann bekommt er die Nummern der Weiber oder etwas Geld. Schon während sie das erzählen sacken ihre Mundwinkel nach unten. Ihre Gesichter sehen jetzt aus wie der Hodenhannes. Faltige Kartoffelsäcke ohne Form und Verstand.

„So blöd kann man doch nicht sein!
Ihr fallt auf diesen Trick herein?
Verlorn habt ihr auf jeden Fall.
Wie beim Zins! Ihr habt ein Knall!

REi! Gibst du LEi eins?
Wenn du das tust, wo ist dann deins?
Dir fehlen dann auf einmal zwei,
dann gehst du vielleicht zu nem Verleih?
Doch dann stehst du dort in der Kreide.
Dann bist du arm! Was man gern meide.

Wie auch immer ihr es dreht.
Ihr seid Verlierer, es ist zu spät.

Bekommt ihr wirklich eine Frau,
gebt ihr sie ihm! Und das für lau.
Klappt es nicht dann gebt ihr Geld,
was Penispeter auch gefällt.

Im dümmsten Fall bekommt er Schmuck.
Nützt ihm wenig in dem Luck.
Was ihr tut, das ist nur krank!
Das Geschäft von einer Bank."

LEi und REi erkennen so langsam ihren Fehler. Hätten sie einmal eher nachgedacht. Bloß keine Schulden machen. Das wissen sie jetzt.
Und obendrein hat Hodenhannes nie diesen Schmuck an Penispeter gesehen. Nutzloses Zeug also und Penispeter hat das wohl Beste daraus gemacht. Zumindest das Beste für sich.

DER KINOBESUCH

Hodenhannes hat sich vorgenommen Penispeter nicht auf den Betrug anzusprechen. Er würde ihm nur wieder Illoyalität unterstellen und dass er sich gegen ihn verschworen hätte. Im Grunde ist es ja auch kein Betrug, sondern ein eher unfaires Geschäft. Ein

Geschäft welches die drei geschlossen haben. Dass LEi und REi dabei nur verlieren können ist ja deren Sache. Sie sind erwachsen.

Aber Penispeter scheint ein wenig reumütig zu sein. So ganz wohl fühlt er sich da nicht mit seinem Verhalten. Vielleicht wird das mit der Zeit weniger. Irgendwann hat er sich an dieses seltsame Gefühl des Betruges gewöhnt und dann findet er das ganz normal.

„Was machen wir denn heute? Vielleicht ins Kino gehen? Ich würde dich sogar mal einladen."

„Von mir aus gern. Wie kommts dazu?
Der Geizige warst immer du."

„Frag nicht so! Ich tu es eben einfach. Wo ist schon wieder dein Problem? Ich kann es auch lassen."

„So empfindlich wie er ist,
er schämt sich schon für diese List.
Oder treibt er das schon lange?
Findet Opfer von der Stange?
Dann wäre das schmutziges Geld...
und diese Einladung entfällt.

Obwohl!? Es ist mir eigentlich egal,
die andren kenne ich nicht mal.
Geld ergaunert oder nicht,
auf ein Geschenk ich nicht verzicht!"

Jaja, Moral ist wählerisch. Und wenn es um eigene Vorteile geht, dann ist man gern nachsichtig.

Und wieder das alte Leiden. Hodenhannes kommt nur beschwerlich voran. Penispeter stolziert wieder mit breiter Brust vorn weg und Hodenhannes kommt so langsam hinterher geschliffen. Penispeter scheint sichtlich genervt davon, behält aber die Ruhe.
Hodenhannes ist am Bauch schon ganz schmutzig. Sie müssen wissen, dass dieser Bauch fast immer auf dem Boden schleift. Natürlich bleibt dort allerhand hängen.

Welchen Film werden die beiden wohl schauen? Sie entscheiden sich für „Alarm im Darm Teil fünf". Die ersten vier Filme haben sie schon gesehen und waren begeistert. Was wird bei der Fortsetzung wohl passieren?
Hodenhannes muss nochmal auf das Klo. Genau genommen ans Pissoire. Es ist wie so oft. Das Ding hängt zu weit oben für den kleinen dicken Sack. Da kommt er nie ran. Und nun? Er muss doch so eilig. Er schaut. Es kommt keiner. Schnell entledigt er sich in den Abfluss auf dem Boden, mitten im Raum. So ein Ferkel.

„Da bist du endlich. Was dauert da so lange? Ich will unbedingt den Vorspann gucken. Da kommt der Trailer zu „Blair Bitch Projekt". Den muss ich sehen!"

„Geduld! Nur noch etwas zu essen,
das dürfen wir jetzt nicht vergessen.
Im Kino sollt es reichlich sein,
ohne geh ich da nicht rein.
Popcorn und Cola - alles her!
Ich komme später und hol mehr."

„Kein Wunder, dass du immer fetter wirst. Pass doch
mal auf dich auf! Das ist ja peinlich."

Endlich gehen beide in den Kinosaal. Natürlich haben
sie tolle Plätze bekommen. Es ist ja alles frei. Die
meisten scheinen den Film wohl lieber allein zu
schauen. Oder zumindest in vertrauter Zweisamkeit.

„Verdammt! Das ist ein schöner Sitz.
Doch was ich seh - es ist ein Witz.
Irgendwie bin ich zu klein,
fall zu tief in den Sitz rein.
Ich seh nur die blöde Lehne!
Das Ding ich auseinander nehme!"

„Penispeter! Helf mir mal!
Dieser Sitz der ist aus Stahl.
Den müssen wir auseinander nehm,
sonst kann ich überhaupt nichts sehn.
Denn stehen kann ich nicht im Raum.
Zu dick bin ich, man glaubt es kaum."

„Na gut. Ich trete das Ding weg. Und dann gibst du Ruhe! Verstanden?"

Ein paar scheppernde Tritte später und Hodenhannes hat sein lang ersehntes freies Blickfeld. Endlich kann der Film beginnen.

„Ich muss den bei Laune halten. Eigentlich ist es nur peinlich. Dieser kleine fette Sack. Schaufelt sich das ganze Zeug rein. Aber soll er doch."

Der Film ist zu Ende und beide sind total begeistert. Die Handlung und der geistige Anspruch, es ist wirklich bemerkenswert.
Hodenhannes möchte jetzt heim und früh ins Bett. Morgen hat er einen wichtigen Tag vor sich.

„Wünsch mir Glück! Es ist wichtig.
Ich hoffe morgen läuft es richtig.
Auf Arbeit gibts ne gute Stelle,
viel mehr Geld auf alle Fälle."

„Dann geb dir richtig Mühe. Und stehe aufrecht. Nicht immer so zusammengesackt. Mach was draus!"

GELD UND FREIHEIT

Hodenhannes wird am nächsten Tag sehr zeitig wach. Aufgrund seiner Körperform kann man zwar nie eindeutig sagen ob er liegt oder steht. Allerdings zeugen seine aufgerissenen Augen und der starre Blick von extremer Wachheit. Noch ein paar Stunden und es ist so weit.

Er versucht gelassen zu sein und alles in Ruhe anzugehen. Er hat ja eine sichere Anstellung. Wenn es nicht klappt, dann bleibt eben alles wie es ist. Und so schlecht geht es ihm ja auch nicht.
Aber klappt es mit der Ruhe?

„Verdammt! Was bin ich aufgeregt.
Mein Herz mir bis zum Halse schlägt.
Gelassen sein? Wie könnt ich nur!
Im Leben wärs ne neue Spur.
Mehr Geld und Achtung bekäm ich dann!
Ich wäre dann ein ganzer Mann!"

Acht Kaffee später startet Hodenhannes in Richtung Arbeit. Alle Dialoge, alle Fragen und alle möglichen Situationen spielt er im Geiste durch. Seine Falten versucht er zu verbergen, indem er gekonnt seine Haare darüber legt. Ein Kaffee noch, sodass er nicht zu verschlafen aussieht. Noch einmal auf Toilette. Die

Hände waschen und das Gesicht erfrischen. Im Vorzimmer wartet er.
Und es geht los. Die wichtigste Frage muss er gleich zu Beginn beantworten. Warum ist er für die Stelle so gut geeignet?

„Ich bin der Beste für die Stelle,
denn ich bin schlau, besonders helle.
Schon lang bin ich in der Fabrik,
arbeite stehts mit viel Geschick.
Krank gewesen bin ich nie!
Zieh immer durch, so wie ein Vieh.

Ehrlichkeit ist bei mir Pflicht.
Lügerei? Die liegt mir nicht.
Die Arbeit ist mein Lebenssinn,
steh mit allem Ehrgeiz drin.
Und Lernbereitschaft liebe ich,
für jeden Chef bücke ich mich.

Autoritäten! Ich respektier sie voll,
dienen kann ich wirklich toll.
Das Beste an mir, so kann man sagen:
Ich würde mich auch nie beklagen!
So bin ich voller Tatendrang
ein Bückling für den Chefgesang.“

So hat sich Hodenhannes das nicht vorgestellt. So leicht und kurz das Gespräch. Er hat sich wirklich toll vorbereitet und er weiß worauf es ankommt. Und verkauft hat er sich wirklich gut.

Hörig wartet er vor dem Zimmer. Schweiß auf der Stirn und zitternde Hände verraten seine Anspannung.

Und was passiert im Raum? Der Chef und die Mitarbeiterin der Personalabteilung lassen es richtig krachen. Je kürzer das Gespräch lief, desto mehr Zeit haben sie. Und sie treiben es auf dem Tisch, auf dem Kopierer und in der Büroküche. Das ist Leidenschaft!

„Herr Hodenhannes. Nach ausführlicher Beratung haben wir beschlossen sie für die Stelle auszuwählen. Wir denken, dass sie der Sache gewachsen sind. "

Hodenhannes hat sie bekommen! Es ist wahr geworden. Sein Traum hat sich erfüllt. Mehr Anerkennung und mehr Ansehen vor seinen Freunden und vor allem vor Penispeter. Und wie hat er das geschafft? Durch Fleiß, Ehrgeiz und ganz besonders durch totale Hingabe an den neuen Chef.

Mit dem neuen Arbeitsvertrag und dem höheren Gehalt geht Hodenhannes direkt zu Penispeter und erzählt ihm alles.

„Das Gespräch - es war schon krass!
Darum ist auch mein Hemd so nass.
Sie warn zu fünft und fragten viel,
meine Schlagfertigkeit ihnen gefiel.

Und dann bekam ich schwere Themen,
doch Routine konnt man mir nicht nehmen.
Zwei der fünf waren Psychofritzen.
Sie sagten nichts, taten nur sitzen.
Die waren ruhig und konzentriert.
Sie haben mich genau studiert.

Knapp zwei Stunden ging es dann,
am Ende kam es nun drauf an.
Ein Intelligenztest mitten drin.
IQ 140! Und ich durfte beginn.
Voll begeistert entschied man sich
unmittelbar danach für mich."

„Glückwunsch Hodenhannes. Wirklich stark gemacht.
Du hast es echt drauf. Und mehr Kohle. Das ist das
Wichtigste find ich.
Weißt du was du jetzt gleich machen solltest? Du kaufst
dir ein richtig geiles, neues, großes Auto. Das kannst du
auf Raten machen. Du bekommst doch jetzt sowieso
jeden Kredit. Da kannst du gleich morgen losziehen. Ich
sage dir: Die Weiber werden drauf abfahren. So ein
Auto sagt es deutlich: Ich steh im Leben! Ich kann dir
alles bieten! Ich bin ein Gewinner!"

Das gefällt Hodenhannes natürlich. Er ist immerhin sehr
stolz auf seinen neuen Job. Und natürlich soll auch jeder
wissen, dass er ein Erfolgstyp ist. Und auf diese Weise
kann er es natürlich am besten zeigen.

„Ich möchte, dass es jeder weiß.
Ich hab Erfolg durch meinen Fleiß!
Ich muss es jedem Menschen zeigen,
mein Einkommen wird rasant steigen.
Ich geb Geld aus! So wird man es sehn.
Die Erinnerung an mich bleibt jedem bestehn. "

So soll es sein. Hodenhannes fackelt nicht lange. Angetrieben von seinem neuen Verdienst sucht er sich einen richtig geilen Schlitten raus. So wertet er sich schon ziemlich auf. Er ist damit wirklich ein ganz besonderer Mensch. Jetzt ist er zwar noch immer klein, schwabbelig und verfaltet. Aber! Er hat ein Auto der Reichen. Und das ist viel wichtiger.

„So ist es richtig. Jetzt machst du was her. Keiner wird mehr merken was du eigentlich für ein hässlicher Sack bist. Dann kaufst du dir am besten noch paar richtig gute Sachen und alles was dazu gehört. Eine teure Uhr zum Beispiel. Du wirst ein ganz Großer."

„Ich fühl mich groß und akzeptiert,
jeder nach dem Wagen stiert.
Viele hätten den so gern,
für die liegt der sowas von fern.
Für mich jedoch ist er real,
so bin auch ich die erste Wahl. "

Konsum ist geil. Kaufen sie heute und zahlen sie später. Das ist plötzlich das Motto von Hodenhannes. Seit er mehr Geld hat gibt er viel mehr aus.

Als er zwei Tage später auf Arbeit geht macht er so richtigen Mist. Sein Spruch „Fehler sind das Privileg des Tüchtigen", welchen er sich als neuer Erfolgsmensch zu seinem Motto machen wollte, überzeugt seinen Vorgesetzten in keinster Weise. Er fühlt sich so wie er aussieht. Ein leerer Sack ohne Rückrad.

„Sie Wicht! Heute arbeiten Sie das nach! Und zwar alles. Von mir aus bis morgen früh. Sonst können sie sich die neue Stelle sonst wohin stecken. So viel Unfähigkeit habe ich noch nie gesehen. Lachhaft!"

Auf einmal wird Hodenhannes alles klar.

„Was hab ich getan! Warum das nur?
Ist es denn meine Natur?
Wie wild gekauft ohne zu denken.
Lies mich nur von Sehnsucht lenken.

Sofort und ganz hab ich mich versklavt!
Dem Lohn, dem Chef, hab mich bestraft.
Ohne Not Schulden gemacht.
Was habe ich mir da nur gedacht?

Geld investiert das ich noch nicht hab,
das verfolgt mich bis ins Grab.
Auf der Suche nach dem Glück -
bin gefangen und kann nicht zurück.

Für den Job muss ich jetzt alles tun,
kann mich nicht mal drauf ausruhn.
Muss dafür stetig alles geben,
genießen kann ich kaum mein Leben.

Kann nicht sagen: Ich will nicht mehr!.
Da fehlt mir dann das Geld zu sehr.
Vor Kurzem hatte ich nie so viel!
Heute brauchts mein Lebensstil."

NICHT DENKEN

Nachdem Hodenhannes darüber sinniert hat findet er sich langsam damit ab. Es war nun einmal seine Entscheidung und damit muss er jetzt leben. Die große Frage ist dabei: Wird er daraus lernen? Kann er den Drang nach Anerkennung unterdrücken? Man wird es sehen.

Dem Penispeter erzählt er allerdings nichts davon. Nie würde er zugeben wie sein Chef mit ihm umgegangen ist. Penispeter fragt natürlich nach dem Stand der Dinge.

„Auf Arbeit läuft es richtig gut,
was auf dem Respekt beruht.
Sie wissen was sie an mir haben
und ich erfülle die Vorgaben.
Gelobt haben sie mich sogar,
was auch keine Überraschung war.
Und im Team weiß man genau,
ich bin gut und richtig schlau.

Und dich frag ich noch in einem Satz:
Was macht er denn? Dein Arbeitsplatz!"

Penispeter ist heute überhaupt nicht so gesprächig. Er macht Hodenhannes nicht einmal runter. Er läuft auch etwas halbbabsch rum und nicht so fest und gestanden. Das ist ein ganz neues Erscheinungsbild.

„Meine Arbeit? Das kann ich dir nicht erklären. Das läuft dort anders, zu kompliziert."

„Dieser neue Typ in der Nachbarschaft kotzt mich an. Sieht aus wie ich. Etwas größer ist er. Aber dafür ziemlich dünn. Doch die Weiber scheinen ihn zu mögen. Ich weiß nicht wie. Aber ich muss ihn übertrumpfen. Besser werden als er. In allen Belangen. "

Dieser Druck hemmt Penispeter schon sehr. Er hat nur noch wenig von seinem selbstsicheren und befreiten

Auftreten. Irgendwie muss er sein Selbstvertrauen zurückbekommen. Eine Art Potenzförderung nach außen hin. Eine Schwanzoptimierung für den ersten Eindruck sozusagen.

„Hodenhannes! Ich habe gerade erfahren, dass mein Auto kaputt ist. Das ist zum kotzen. Ich bin so darauf angewiesen. Würdest du mir deins mal leihen? Ich weiß sonst nicht was ich machen soll. So auf die Schnelle find ich keine neue Karre."

„Ich helfe dir natürlich gern.
Nein zu sagen liegt mir fern."

„Das ist nett von dir. Ach und übrigens. Ich habe einem Bekannten von mir von deinem beruflichen Erfolg erzählt. Das ist so toll, dass er es mir nicht glaubt. Kannst du mir vielleicht deinen Firmenausweis bis morgen geben? Da kann ich es ihm beweisen. Dort steht ja deine neue Anstellung mit drauf. Der wird gucken. Ich bin so stolz auf dich."

„Was wirklich? du erzählst von mir?
Oh wie gern helfe ich dir.
Dass du die Freude für mich zeigst,
dich vor meinem Erfolg verneigst.
Das zu wissen macht mich froh.
Und da helf ich sowieso."

„Geil. Mit dem Auto und diesem Job werde ich die Weiber beeindrucken und diesen anderen Spinner ausstechen. Ich kann doch keiner Frau erzählen was ich wirklich mache. Da gucken die mich mit ihrem Arsch nicht mehr an. Weil die alle zu blöde sind das zu begreifen. Sollen die nur weiter zur Arbeit gehen.“

Penispeter haut auf den Putz. Er fährt direkt zu einer Bar und parkt natürlich im Halteverbot. Wo auch sonst? Das Auto muss ja davor stehen, sodass es jede sieht. Sonst wirkt es nicht.
So kann sich Penispeter einfach als Mensch wertvoller machen. Das Auto steht auffällig vor der Tür. Den Autoschlüssel legt er auffällig auf den Tisch. Sein Handy mit der Taschenlampenapp legt er so hin, dass der Schlüssel genau ausgeleuchtet wird. Außerdem hängt am Schlüssel noch ein glänzendes Etwas, es sieht aus wie ein Firmenlogo, sodass der Blickfang garantiert ist.
Es dauert eine halbe Stunde und eine richtig „geile Sau“ setzt sich zu Penispeter. Sie ist beeindruckt von seinem Auto und seinem Handy. Wenigstens gehört ihm das Handy.
Penispeter zieht sein Portmonee aus der Tasche und legt es auf den Tisch. Ein grüner Schein guckt raus und natürlich der Firmenausweis.
Jetzt hat er es geschafft. Die Augen groß und im Schritt schon feucht lehnt sie sich zu ihm rüber. Sie macht den Mund auf und sagt etwas: „Wow! Toll!“. Zwei ganze

Sätze. Mehr konnte man auch nicht erwarten. Selbst Penispeter war überrascht. Von seiner weiblichen Zielgruppe ist man so etwas nicht gewohnt. Gespräche sind da eher selten. Sie sind einfach nicht möglich.

„Die nehme ich mit nach Hause. Ganz stark von mir. Jetzt bin ich endlich wieder wie früher. Und dieser andere Schwanzkopf blitzt ab. So muss es sein!"

Viel später geht Penispeter zu Hodenhannes und gibt Ausweis und Auto zurück. Eigentlich...

„Mein guter Freund. Darf ich morgen noch einmal dein Auto bekommen? Ich weiß noch nicht ob ich meins reparieren soll oder mir ein neues Auto zulege."

„Natürlich! Das ist kein Problem.
Auf Arbeit kann ich zur Not gehn."

„Und eine ungewöhnliche Sache noch. Dein Firmenausweis ist aus richtig festem Material. Ich bräuchte ihn morgen mal für meine Wohnungstür. Mein Schlüssel ist abgebrochen. Ich bekomm die Tür aber mit einer stabilen Karte auf. Wäre das möglich?"

„Was ist denn das nur für ein Grund?
Fällt wirklich Wahrheit aus dem Mund?
Ich glaube dir! Doch sei gewiss,
es riecht ein wenig nach Beschiss.

Doch unter Freunden hilft man sich,
man lässt sich einfach nicht im Stich."

Auch an diesem Tag landet Penispeter einen Treffer.
Der andere Schwanzkopf ist sogar in derselben Bar.
Doch die Frau, sie schafft es nur auf einen Satz,
nämlich: Ja!, ist dem Penispeter total verfallen. Und er
kommt wieder richtig schön zum Zuge. Eine
Offenbarung war das.

*„Die Masche funktioniert perfekt. Irgendwie muss ich
Auto und Ausweis weiter bekommen. Aber der war
gestern schon so skeptisch. Dieser Egoist. Der soll mal
etwas kameradschaftlicher sein. So ein Idiot. Der weiß
das doch überhaupt nicht zu nutzen....
Ich habe eine Idee. "*

Am späten Abend bringt Penispeter dem Hodenhannes
Auto und Ausweis zurück. Und noch etwas dazu.

„Hier mein lieber Hodenhannes. Ich schenke dir diesen
geilen Fernseher. Er hat über dreitausend Programme.
Eines besser als das andere. Weil du mir so geholfen
hast. Komm, ich schließe ihn dir an."

Gesagt, getan. Die Freunde bauen den drei Meter
Fernseher auf. Der ist wirklich sinnvoll, denn die Größe
hat... eben einfach Sinn. Wirklich!

Hodenhannes freut sich so sehr darüber. Durch seine neuen Kredite konnte er sich nämlich keinen solchen Fernseher mehr kaufen. Blos gut, dass Penispeter da ist. Zur rechten Zeit am rechten Ort.

„So! Ich hoffe der starrt nur noch in diese Kiste. So verlernt der vollkommen das Nachdenken und fragt mich nicht mehr so blöde Dinge. Von wegen Lügen und Beschiss. "

Ganz schön gerissen der Penispeter. Am nächsten Abend besucht er Hodenhannes wieder.

„Hi. Heute bin ich Bahn gefahren. Darf ich vielleicht noch einmal dein Auto haben? Und den Ausweis? Falls ich in eine Polizeikontrolle komme. So kann ich beweisen, dass der Wagen nicht gestohlen ist, weil ich dich kenne."

„Ja mach dein Ding! Ist mir egal.
Ich schau gerade diese Wahl.
Der Mann entscheidet welche er fickt,
die andere wird dann gekickt."

„Kann ich Auto und Ausweis vielleicht gleich den Rest der Woche haben? Meins ist noch nicht repariert. Und der Ausweis. Du weißt ja, wegen der Polizei."

„Ich bin die Woche krankgeschrieben!
Ich hab es etwas übertrieben.
Die ganze Nacht kein Auge zu,
hab mich erregt über die blöde Kuh.

Die hat den Typen absorviert,
sein Leben ist jetzt ruiniert.
Ich muss es unbedingt noch wissen,
läufts für ihn weiter so beschissen?

Nimm das Zeug! Es stört mich nicht.
Für die Röhre ich gern mal verzicht!"

Penispeter nutzt das natürlich aus. Sein Plan ging auf.
Aber langsam bekommt er ein schlechtes Gefühl. Ist es
das Gewissen?

*„Der Hodenhannes übertreibt es ganz schön. Wenn der
sich extrem gehen lässt bringt mir das auch nichts.
Keiner neben dem ich so gut aussehe. Keiner der mir
sein Zeug leiht. Keiner auf dessen Buckel ich nach oben
klettern kann. Ich muss mir etwas einfallen lassen. "*

FUßBALL

Bereits vier Tage versauert Hodenhannes nun schon zu Hause. Ganz allein schaut er sich ununterbrochen alle möglichen Serien an. Bei Penispeter läuten die Alarmglocken. Hodenhannes darf nicht zu sehr abrutschen.

„Es ist tatsächlich so gekommen. Er ist dieser Kiste total verfallen. Der nimmt ja überhaupt nichts mehr um sich herum wahr. Das ist ja krass. Wie kann man so dämlich sein und sich so diesem Ding opfern.
Und ich bin schuld. Ich brauch diesen Typen. Sonst muss ich wirklich noch einmal richtig arbeiten. "

Penispeter bekommt es mit der Angst zu tun. Er geht zu Hodenhannes und versucht ihn da raus zu holen.

„Hei. Hier, für dich! ich bring dir dein Auto und die Karte zurück. Vielen Dank nochmals. Wollen wir heute etwas unternehmen?"

„Ich versteh nicht was das soll,
die lügt dem doch die Hucke voll.
Der ist so blind und rennt ihr nach.
Sie schon einmal in sein Herz rein stach!"

„Mensch du Spinner. Hebst du jetzt mal deinen Arsch von dem Sofa und machst das Ding aus? Du bist ja nicht ganz dicht!"

Penispeter wird schnell aggressiv wenn es nicht so läuft wie er will.

„Ich zieh dem jetzt den Stecker raus und dann gehen wir Fußball spielen. "

„Steck das Dinge wieder rein!
Wie kann man nur so irre sein?
Ich will aus erster Hand erfahren;
ob sie schon immer verliebt waren.
Dann muss ich unbedingt noch sehen:
Was macht ihn krank? - Ich wills verstehen!"

„Hol deine Sportsachen. Wir gehen auf den Fußballplatz. Du verschenkst doch dein Leben mit dem Ding. Vielleicht sind dort paar heiße Weiber. Da kannst du mal reale Mann-Frau Geschichten erleben. Sowas Armseliges!"

„Na gut. Raus muss ich ja mal,
ich habe keine andre Wahl.
Denn Essen und Trinken - alles fast leer.
Zum Fernsehen gucken brauch ich mehr!"

Da gehen sie. Hodenhannes' Trikot verschwindet teilweise unter seinen Falten. Seine Haare verhindern die Sicht auf die Trikotnummer. Eigentlich auf das gesamte Trikot. Im Grunde braucht er kein Trikot. Er hat ja Haare an.

Penispeter sieht richtig sportlich aus. Ein wenig müde wirkt er. Wen wundert es. Nach den Sexeskapaden diese Woche.

Hodenhannes hat sich einige Tage lang nicht bewegt. Das führte zu einer Gewichtszunahme und einer Minderung seiner Leistungsfähigkeit. Wenn er es bis zum Tor schafft, dann kann er erst einmal da drin stehen bleiben.

„Ich schieße ein bisschen drauf. OK? Du versuchst dich zu bewegen. Da wäre schon viel erreicht."

Schon wenig später kommt Ulme zu den beiden. Sie spielt schon lange Fußball und macht ein wenig mit. Sie schießt mit Penispeter auf das Tor. Hodenhannes deckt einen Teil des Tores gut ab. Den anderen Teil allerdings kann er nie erreichen.

„Das ist doch wirklich nicht zu fassen,
so wie ich spiel kann ichs auch lassen.
Jede Bewegung macht mich kaputt,
ich wirke wie ein Haufen Schutt.

So kann das hier nicht weiter gehn,
ich werde kämpfen und bestehn!
Das ist ja peinlich ohne Ende.
Ich kriege heute noch die Wende!"

Hodenhannes packt es an der Ehre. Nachdem Ulme sich sogar lustig über ihn gemacht hatte kann er nicht anders.

„Niemand der wie Ulme heißt
sich das Maul über mich zerreißt!"

„So ist es gut du Hodensack. Bewege deine müden Knochen! Weiter so!"

Ulme, Hodenhannes und Penispeter treten jetzt gegen drei andere an. Das wird ein Spiel. Hodenhannes macht die Abwehr und Penispeter den Sturm. Die Ulme kümmert sich um den Spielaufbau. Sie ist die einzige von den dreien die wenigstens ansatzweise im Team denken kann.

„Mensch bin ich gut, räum alles ab.
Du meine Güte - war das knapp!
Mein Pass auf Ulme, der war stark.
Jetzt macht die Alte so ein Quark!"

Der Hodenhannes macht viel mit Willen weg. Und man muss ihm lassen: Er kann nicht getunnelt werden. Da sein Körper auch zwischen den Beinen komplett den Raum bis zum Boden füllt ist er da unantastbar.

„Geil. Die Flanke ist hervorragend. Ich erreiche hier jeden Kopfball. Da kommt keiner ran."

Die Ulme gibt sich wirklich Mühe. Arbeitet nach hinten und bedient Penispeter mit tollen Pässen und hohen Bällen. Penispeter allerdings betrachtet mehr ihre Bälle und das rächt sich. Er verliert fast jeden Zweikampf. Hodenhannes fängt das neunte Tor zum 0:9. Das war es gewesen. Fünfzehn Minuten packende Spannung.

„Ganz anders als vor der Glotze zu heulen. Oder Hodenhannes? Da heult man lieber im realen Leben."

Ulme verzieht sich schnell. Sie möchte mit den beiden wahrscheinlich keine engere Freundschaft aufbauen.

„Diese Niederlage ist schon bitter.
Aber bald! Da bin ich fitter.
Ich arbeite jetzt fest an mir,
esse gesund und kaum noch Bier.

Ich werde besser! Ja und dann?
Dann sind wir mit gewinnen dran!

Das zu begreifen bedeutet was!
MEIN GRÖßTER ERFOLG!! So nenne ich das."

„Oh man. Das ist gut. Jetzt hat der wieder Ehrgeiz und ich kann weiter so machen wie bisher. Da habe ich noch einmal Schwein gehabt!"

„Gut so Hodenhannes. Die holen wir uns andermal!"

ES STAGNIERT

„Hodenhannes hat sich heute um 180° gedreht. Das gibt ihm richtig Auftrieb. Hm. Wie sich das wohl anfühlt? Er hat sich mit seinem Gegammel zwar selbst in diese Situation gebracht. Das passiert eben bei solch einer Dummheit. Aber jetzt? Er hat die Kurve gekriegt und sich wie neu erfunden."

„Dieses Fernsehen ist schon fies!
Man denkt: Ich jetzt den Tag genieß.
Doch eigentlich verkümmert man!
Ja! Da ist was Wahres dran.
Man siecht dahin und schaltet ab.
Die Folge ist: Man fühlt sich schlapp.
Tag für Tag den gleichen Mist,
steht nur auf wenn man mal pisst.
Ansonsten liegt man dümmlich rum,
schaltet ab, wird dabei dumm!"

Hodenhannes hat viel für sich entdeckt. Dieses neue Ziel beim Fußball besser zu werden. Seine Zeit nicht zu verschwenden. Er arbeitet an sich und hat Erfolg. Natürlich ist er noch immer ein faltiger schwabbeliger Sack. Daran wird sich auch nichts ändern. Aber er ist einer der besser geformten Säcke. Und er fühlt sich gut.

Penispeter freut sich, dass er seinen Bückling wieder gefunden hat. Endlich wieder ein Rücken auf dem er nach oben steigen kann.

Allerdings kommt da auch ein wenig Unmut bei Penispeter durch. So ganz schlüssig sind seine Gedanken nämlich nicht.

„Dieser Erfolg den er da fühlt. Es tut ihm gut. Ich hatte das lang nicht mehr. Bei der Arbeit die ich mache. Ich kann es nicht richtig beschreiben. Und ich würde es nicht Arbeit nennen.
Darum habe ich eher andere Erfolge. Die sind für einen normalen Menschen nicht greifbar. Diese idiotische Freude über diese schwachsinnigen Erfolge bei ihm. Der weiß doch überhaut nicht worauf es ankommt!"

„Hodenhannes! Du musst mal was für mich tun. Meine Wohnung gefällt mir nicht mehr. Hilfst du mir vorrichten? Und auch meinen Garten. Er muss besser werden. Du weißt doch mit Pflanzen bescheid. Da musst du mal Hand anlegen. Du bist mir was schuldig. Immerhin habe ich dich zu dem Erfolg gezwungen. Sonst wärst du nie mit zum Fußball gekommen. Du würdest noch immer vor der Glotze hocken und verkümmern."

Penispeter merkt, dass er irgendwie nicht voran kommt. Der Erfolg von Hodenhannes hat ihn doch ein wenig angestoßen. Er möchte sich auch entwickeln. Sich selbst in die Hand nehmen und das nicht nur um zu wichsen. Soll er sich vielleicht auch mal gehen lassen, sodass er dann Erfolg beim Aufpäppeln hat?

„Vielleicht sollte ich das tun. Allerdings. Das ist doch sinnlos. Sich vorsätzlich schädigen um dann den Schaden abzuwenden. "

Hodenhannes antwortet voller Selbstvertrauen und Tatendrang:

„Natürlich helfe ich dir gern.
Der Zeitpunkt aber steht in' Stern.
Helf dir doch selbst! Das tut gut.
Pack es an und hab den Mut!"

Penispeter geht erst einmal nach Hause. Mittlerweile ist der andere Schwanzkopf wieder weg und das Viertel gehört wieder ihm. Er kann sich wieder die Frauen raussuchen. Keine Konkurrenz mehr. Alles ist so wie früher.

„Irgendwas muss ich doch tun. Ich werde mal drüber nachdenken. Also morgen. Heute besorg ich mir eine richtig geile Kirsche für die Nacht. Ich hätte zwar gern mal eine mit der ich mich auch unterhalten kann, aber solche treffe ich leider nicht. Ob es solche Frauen denn auch gibt?
Die Ulme hatte ganze Sätze gesprochen. Auch relativ schnell hintereinander. Das war schon beeindruckend. Aber die wollte wohl nichts mit uns zu tun haben.
Das versteh ich überhaupt nicht.“

DIE BESTE ENTSCHEIDUNG

Hodenhannes besucht nach der Arbeit Penispeter. Es tut ihm etwas leid, dass er ihm gestern seine Hilfe gleich abgesprochen hat. Es wird sich sicherlich ein Weg finden beides unter einen Hut zu kriegen. Penispeters Veränderungen und auch die eigenen Ziele. Hodenhannes hat sich jetzt nämlich sogar im Fußballverein angemeldet. Er will es nun wissen. Und unter Anleitung trainiert es sich besser, denkt er.

„Penispeter. Wie geht es dir?
Trinken wir ein Schlückchen Bier?“

„Warum kommst du so angegrinst? Ich habe bis gerade eben geschlafen und du machst hier so einen Zirkus. Du denkst gleich, dass du sonst wer bist. Mensch! Wir haben 9:0 verloren und du bekommst jetzt Höhenflüge. Was stimmt mit dir nicht? Setz dich vor den Fernseher. Da gehörst du hin!"

„Jetzt bin ich schon etwas erstaunt.
Warum ist der denn so gelaunt?
Um Hilfe bat er gestern mich.
Ich lasse den gleich schön im Stich!"

Hodenhannes hat neues Selbstvertrauen. Das merkt man ihm an. Er ist jetzt auch ein etwas ovalerer Sack mit einer Auswölbung nach oben. Also er ist etwas größer. Optisch aufgewertet eben.

„Mein guter Freund. Handel bedacht!
Was du da sagst. Gebe drauf acht!
Schon oft hast du mich angemotzt,
hast mich verbal angerotzt.

Ich hab es meistens ruhig genommen,
reagierte stehts besonnen.
Doch weist du was ich wirklich denke?
Dass ich mich unnötig verrenke.

Ich passe mich dir dauernd an!
Und trotzdem bin ich immer dran.

Ich komm zum helfen heut vorbei,
letztens ich mein Auto leih."

„Das ist ja auch das Mindeste was du tun kannst! Lassen
wir das jetzt. Ich melde mich bei dir. Ich überlege was
ich umbauen will und mach mir einen Plan. Dann
kannst du mir helfen."

Penispeter ist standhaft. Er ist es nun einmal gewohnt,
dass Hodenhannes nachgibt. Wenn man das Säckel
anschaut denkt man auch immer, dass da etwas
nachgeben muss.

Doch bei Hodenhannes dämmert es langsam. Ihm wird
so manches klar. Was so ein wenig Selbstvertrauen und
wiedergefundene Selbstbestimmung bewirken.

„Ich sag es klar und grade raus.
Die Freundschaft, die ist heute aus.
Seit Ewigkeit benutzt du mich,
das geht mir voll gegen den Strich.

Mir wird da heut so manches klar,
ohne mich bist du nicht da.
Ohne mich kannst du nicht sein!
Und ohne dich fühl ich mich rein.

Drum such ich mir den neuen Freund,
einer der kein Dank versäumt.

Der Freundschaft wohl zu schätzen weiß.
Nicht wie du. So einen Scheiß!"

„Du wirst dich wundern! Du brauchst mich. Nur neben
mir hast du es zu etwas gebracht. Hattest deine Erfolge.
Ohne mich wirst du verkümmern!"

Hodenhannes geht weg. Er fühlt sich leer. Aber befreit.
Viel Zeit hat es gedauert. Zeit, welche er nicht zurück
bekommt. Schon lange hat er den negativen Einfluss
von Penispeter erkannt.
Doch da gab es die eine Situation. Sie hat ihm gezeigt,
dass er sich selbst in die Hand nehmen muss. Dass er
jemand ist.
Wie wird sein Weg weitergehen? Was wird er daraus
mitnehmen? Welche neuen Freunde können es werden?
Ein Hoden allein ist auch nicht das Gelbe vom Ei.

„Was der Typ noch lernen muss:
Denke immer bis zum Schluss!
Was hat er mich so schlecht behandelt,
hat mein Ego so verschandelt.

Wenns für ihn gut war - musst ich spring!
Alle Räder in Bewegung bring!
Mein Interesse kam da kurz,
es interessierte ihn ein Furz.

So ist es und so war es immer.
Ich fands OK! – Das ist noch schlimmer!
Nie auch nur mal nachgefragt,
ständig einfach „Ja" gesagt.
Es kam die Zeit da dacht ich nach.
Sofort in ihm das Schwein ausbrach!
Gleich hat er mich abgelenkt -
und hat mein Hirn total verrenkt.
Fütterte mich mit Unsinnigkeit.
Und ich war dafür auch noch bereit!

Was hat mich bis jetzt nur geführt?
Warum hab ich das nie kapiert?
Viel Zeit habe ich so verloren.
Ich werde nur einmal geboren!

Die Einsicht kam jetzt über mich:
Ich lass mich nicht mehr so im Stich!

Was ich will in meinem einzgen Leben,
dahin werd ich von nun an streben.
Wer ab heute Teil in meinem Leben ist,
der das keinesfalls vergisst.

Weil ein Sack wie ich nun doch versteht,
dass ohne mich eben auch nichts geht!"

Teil 2

RÜCKBLENDE

Es ist ein dämmriger Abend. Auf der Straße sind kaum andere Menschen und Hodenhannes spaziert den Weg entlang. Das Wetter ist recht mild und die Laternen beginnen gerade zu leuchten.

Es ist viel geschehen und Hodenhannes erinnert sich.
„Was tat ich die letzten Jahre nur?
Ich folgte Penispeters Spur.
Was er sagte war gesetzt.
Egal ob es mich auch verletzt.

Benutzt hat er mich pausenlos!
Was dachte ich mir dabei bloß?
Beim Sex war ich nur zweites Glied.
Frauen ich so nie bestieg.
Doch er! Er lebte seinen Spaß!
Ein Gefühl - das ich vergaß.

So manches Mal hab ichs erkannt -
da kam er aber angerannt.
Sofort und voller Raffinesse
bekam ich geistig auf die Fresse.
Im Kopf hat er mich abgelenkt,
hat mein Geist total verrenkt.
Gab es mal im Hirn ein Licht,
löschte er es und sagte: „Denk nicht!"

Doch ich weiß es noch genau,
beim Fußball wurde ich dann schlau.
Ich spürte wies im Leben ist;
wenn du selbst dein Herrscher bist.
Wenn ich allein bestimmen kann
wie ich Fehlschläge schnell verbann.
Schlagartig wurde mir klar:
In meinem Leben bin ich der Star!

Was Penispeter lernen muss:
„Denke immer bis zum Schluss!"
Denn ohne mich fehlt ihm was.
Ohne mich wirkt er ganz blass.
Was ein Sack wie ich versteht:
„Das ohne mich nun auch nichts geht!"

So nahm ich es dann in die Hand,
hab ihn aus mei'm Leben verbannt.

Und in Zukunft. Irgendwann!
Kommt er zu mir – aber dann!
Dann will er sicher wieder Frieden.
Dann sage ich: „Wir sind geschieden!
Du bist und bleibst ein Arschgesicht!
Deine Freundschaft will ich nicht."

So geh ich meinen Weg allein.
Nichts könnt gerade schöner sein."

ENDLICH! UND NUN?

Da geht er hin der Hodenhannes. Ein Mann der es gewagt hat. Ein Typ der seinem Unterdrücker einen Arschtritt verpasste.

Lang stand Hodenhannes im großen Schatten des Penispeter. Wurde immer wieder rumkommandiert und ausgenutzt. Penispeter verfügte sogar über seine Freizeit. Was er sagte und wollte war Gesetz.

Und Hodenhannes? Er war nichts weiter als ein Zuarbeiter. Ein kleiner hässlicher Wicht der alles für Penispeter getan hat. Wäre er nicht gewesen, hätte Penispeter so manches Glückserlebnis nie erleben können. So zieht er durch die Straßen in tiefen Gedanken.

„Endlich kann ich mein Herr sein!
Endlich ist mein Leben mein!
Ich kann tun und lassen was ich will!
Keiner kommandiert. Alles ist still.

Sogar beim Sex da half ich ihm.
Danach konnt ich mich gleich verziehn.
Beigestanden in schwerer Stund,
ein Dank kam nie aus seinem Mund.

Was ich jetzt im Leben tu,
das ist für mich – und das reicht zu.

Leiten lass ich mich nicht mehr.
Ich leb für mich – das ist nur fair!"

So langsam wird es dunkel und Hodenhannes ist müde. Das kleine Säckel hat es nicht leicht mit diesen kurzen Beinen. So zieht es ihn nach Hause in sein Bett.

Eine seltsame Ruhe überfällt ihn daheim. Etwas ungewohnt möchte man meinen. Nur die eigene Stimme im Kopf. Er schläft ein. Etwas unruhig wirkt er schon. Aber sein Lächeln im Gesicht zeugt von Zufriedenheit.

Am frühen Morgen klingelt das Telefon. Hodenhannes, noch etwas verbimmelt von der unruhigen Nacht, springt aus dem Bett und geht ran.

„Hallo? Wer schellt um diese Zeit?
Ich fühle mich noch ziemlich breit."

Es sind die Freunde LEi und REi.
„Hodenhannes. Guten Morgen. Was wollen wir denn heute unternehmen?"

„Ihr stellt Fragen. Lasst mich denken!
Wohin werd ich uns heute lenken?
Ich rufe später nochmal an
und arbeit jetzt an einem Plan."

Hodenhannes steht erst einmal auf. Der erste Tag ohne Penispeter! Die Welt steht offen.

„Die Frage was wir heute machen...
Auf jeden Fall lassen wirs krachen!
Nach Weibchen werden wir wohl suchen,
erste Erfolge selbst verbuchen.
Doch zuvor mach ich in Ruh
und auf der Couch die Augen zu. "

So beginnt der erste Tag doch etwas verhalten. Nach zwei Stunden sinnieren auf der Couch ruft Hodenhannes seine beiden Freunde an. Fast hätte er sie vergessen.

„Hei ihr zwei. Mir gehts nicht gut.
Mein Körper heute lieber ruht.
Ich fühl mich schlapp und etwas krank,
ich leg mich heute lieber lang."

Doch Hodenhannes' Gedanken sprechen eine andere Sprache:
„Ich hab heut einfach keine Lust.
Guck lieber Glotze, wohl aus Frust. "

So verbringt er die nächsten Stunden liegend auf der Couch und lässt sich berieseln. War das nicht schon einmal so gewesen?
Es ist bereits Nachmittag und Hodenhannes merkt, dass etwas nicht stimmt. So kann er doch nicht den Tag

verbringen! Er greift zum Telefon und wählt die Nummer von REi und LEi. Doch… er legt wieder auf.

„Mir fällt grad auf: Was soll ich sagen?
Was machen wir? Werden sie fragen.
Mir fällt da wirklich gar nichts ein.
Vielleicht sollt ich heut alleine sein.

Ich gehe raus und suche dann
was man so alles machen kann.
Die ganze Welt erkunde ich
und suche was für die und mich.
So haben wir beim nächsten Mal
ganz bestimmt die Qual der Wahl. "

Der kleine Sack schleift durch die Gassen. Er wechselt die Straßenseiten scheinbar vollkommen unkoordiniert. Schaut dort in ein Fenster und wo anders blättert er in der Werbung an einem Kiosk.

Im Kino kommt ein neuer Film. Heute ist eine Single-veranstaltung in einem Club. Ein Restaurant hat ganz frisch eröffnet und begießt das heute mit einer großen Feier. Nachtbaden ist heute in der Schwimmhalle im Nachbarort.

So viele Möglichkeiten. Hodenhannes sammelt fleißig. Was wird er machen? Nachtbaden ist vielleicht nicht so gut für ihn. Ohne Kleidung wirkt er nicht besonders anziehend. Viele Haare und viel Bauchspeck. Dann doch lieber etwas mit Kleidung. Aber was?

ENTSCHEIDUNGEN

„Die neue Bar am Ortesrand,
die Chance hab ich schon erkannt.
Frauen sind dort sicher viel,
mir dort eine schon mal gefiel.
Dort würd ich sicherlich was finden,
könnt mit ihr auf dem Klo verschwinden.

Die Singlefeier klingt schon gut.
Nur zu viel Männer! Da krieg ich Wut!
Die Kerle renn dort alle hin.
Als hätte das irgendein Sinn.
Die Weiber machen sich ein Spaß.
Eine Erfahrung die ich nie vergaß.

Das Baden ist schon originell.
Auch für mich, trotz vielem Fell.

Da seh ich gleich woran ich bin,
schummeln macht da keinen Sinn.
Da seh ich Frau wie sie nackt ist,
ob da ein großer Makel ist. "

So denkt er hier und überlegt dort. Doch entscheiden kann er sich einfach nicht.
Das war bei Penispeter anders. Der hat klare Ansagen gemacht und es gab auch keine Diskussionen. Mit

seinen arroganten Vorstellungen und dieser über-
heblichen Art ging er sowieso davon aus, dass er überall
Erfolg hat.

Vielleicht fehlt Hodenhannes auch die Frau in seinem
Leben. Schließlich dreht es sich in seinem Kopf fast nur
um Frauen.

Einige von denen machen klare Ansagen und befehlen
den Tagesablauf. Da wüsste er wohin der Weg führt.
Und Langeweile gäbe es da nicht. Die sind mitunter
schlimmer als Penispeter. Bei dem verstand Hodenhannes wenigstens den Sinn seines Tuns, auch wenn
dieser aus purem Egoismus entstand.

Wie kommt es, dass Hodenhannes so überhaupt nicht
fähig ist sich zu entscheiden?
„Wenn ich entscheid in dieser Welt-
es LEi und REi dann auch gefällt?

Wenn es Mist ist was ich tu,
dann reden die mir immer zu:
„Ich solle Penispeter fragen!"
Doch den nicht! Das kann ich sagen.

Eines muss ich wohl gestehn:
Was er tat das ließ sich sehn.
Er wusste immer was gut ist,
Dinge die man nicht vergisst. "

So schleicht Hodenhannes noch eine ganze Zeit durch die Straßen. Bis zu einer besonderen Stelle. Es ist vor dem Puff in dem Hodenhannes sein erstes Mal mit einer Frau was hatte. Das war ein Erlebnis! Penispeter hatte ihn damals dazu gedrängt.

Hodenhannes bleibt stehen. Mit großen Augen schaut er in die Ferne. Zuerst bilden seine Mundwinkel nichtssagend eine gerade Linie unter der Nase. So langsam richten sie sich nach oben. Ein Lächeln zieht sich über sein Gesicht. Eine Freude, welche eine Erkenntnis vermuten lässt.

„Ich kenne endlich mein Problem!
Endlich lerne ich verstehn.
Ich brauche jemand der mich führt,
der mein Handeln dirigiert.
Jemand der mir sagt: Wohin!
So ergibt das alles Sinn.

Das Weibel damals sagte es auch:
Dass ich klare Befehle brauch.

Das war doch so, ganz kurz erklärt,
ich habe sie total verehrt.
Mein Ziel war nur ihr Glück gewesen,
ihr Scharm und Körper – so erlesen.
So tat ich alles nur für sie,
um mich ging es dabei dann nie.
Sie sagte: Los! Tu dies, tu das!

Vor Angst wurde ich dann ganz blass.
Angst vor Fehlern die ich mach,
denn dann gab es immer Krach.

Doch dadurch hatte ich zu tun,
konnte mich nicht mal ausruhn.
Immer Aufgaben für mich,
lange Weile gab es nich.

Bei Penispeter wars auch so.
Ihm wischte ich sogar den Po.
Seine Ansagen waren so klar.
Ziel und Weg waren so da. "

Er lächelt mehr und mehr. Er setzt sich nieder, schaut in den Himmel und freut sich über seine Erkenntnis.
Nun legt er sich hin und breitet die Arme zu den Seiten aus. Wie ein glückliches Kind, welches auf einer Blumenwiese liegt und in den Himmel blickt. Nur liegt Hodenhannes auf dem Gehweg inmitten der kleinen Stadt.
Verwunderte Blicke zieht er nun nicht nur durch seine Körperform auf sich, sondern auch durch dieses untypische Verhalten.

„Schon immer wurd ich kommandiert,
von Ideen der andren inspiriert.
Das lässt für mich nur ein Schluss zu:
Aus Eigenantrieb ich nichts tu.

Solche Menschen gibt es zu Hauf,
was andre sagen – da hörn sie drauf.
Es ist noch nicht einmal verkehrt,
so ist ihr Leben lebenswert.
Man braucht andere die einen leiten,
auf dem kleinen Rücken reiten.

So ein Mensch bin ich – ganz klar!
Das zeigt mir jedes Lebensjahr.
Meine Erfüllung liegt darin,
dass ich für andere da bin."

Die Erleuchtung ist gefallen. Hodenhannes braucht jemand der ihm den Weg zeigt. Er ist so ein Typ. Er findet seinen Pfad nicht allein. Ein Bekannter, ein Freund oder ein Gleichgesinnter müssen ihm einen Sinn geben.

So meldet er sich bei LEi und REi heute nicht mehr. Er sieht diese Erkenntnis als besonders an und genießt diesen Prozess seiner Entwicklung allein. Jetzt weiß er was zu tun ist. Ein neuer Freund und Weggefährte der ihm zeigt wo lang es geht muss her.

Doch ob diese Erkenntnis so gut für ihn ist? Ist sie denn richtig? Kann das sein Lebensinhalt sein? Vielleicht hat er recht. Es gibt solche Menschen und er ist eben einer dieser Menschen.

Jedenfalls fühlt er sich gut damit und hat jetzt wieder eine Aufgabe und ein Ziel. Er sucht und schaut nach dem richtigen Freund. Vielleicht einer der ihn gleichwertig behandelt und seine Loyalität zu schätzen weiß.

Für heute geht er nach Hause und begießt seine Intelligenz mit einigen Bier, ganz allein aber zufrieden. Schließlich ist er selbst auf diese Lösung gekommen.

SEHR WÄHLERISCH...

Hodenhannes schläft richtig unruhig. Ihm schwirren so viele Gedanken durch den Kopf. Wie findet er schnell den passenden Kumpel? Worauf muss er achten? Ganz aufgewühlt springt er in seinem Bett umher. Die Augen auf und gleich wieder geschlossen. Dann wird es Zeit auf das Klo zu gehen. Dann wieder schlafen, was noch immer nicht funktioniert. Wenn es der Kopf nicht zulässt findet man eben nur schwer Ruhe.

„Morgen muss ich zeitig raus,
muss in den frühen Tag hinaus.
Auf Arbeit hab ich viel zu tun,
kann mich dort nirgends ausruhn.
Ich muss jetzt schlafen und zwar schnell!
Wie blöd ich mich dafür anstell.

Einfach mal den Kopf ausschalten
und mich total ruhig verhalten.

Jetzt lieg ich schon zwei Stunden hier.
Fünf Stunden noch und dann ists vier.
Fünf Stunden! Das ist doch genug.
Schlaf ich jetzt ein gibts kaum Verzug.
Genügend Schlaf wäre das noch.
Eine Nacht – da geht das doch.

Der Kopf in Arbeit, Schweiß auf der Stirn,
es ist aktiv mein blödes Hirn.
Noch immer winde ich mich rum,
zum schlafen bin ich wohl zu dumm.
In drei Stunden schon muss ich aufstehn.
Wie soll das denn bitte gehn?

Nochmal aufs Klo und Wasser lassen.
Danach ins Bett, ruhig und gelassen.
...
...
Der Wecker klingt: „Oh mein Gott!"
Ich seh aus wie ein Haufen Schrott.

Ich glaub ich schlief nur eine Stund.
Ich hau mir gleich die Fresse wund!
So blöd kann man doch gar nicht sein.
Dazu fällt mir nichts mehr ein."

Wütend, müde und gereizt verlässt Hodenhannes seine Wohnung. Trotzdem wird er sein Ziel heut weiter verfolgen. Gleich nach der Arbeit beginnt er mit der Suche nach einem neuen besten Freund.
Oder vielleicht schon bei der Arbeit? Es ist Mittag und Hodenhannes geht mit seinen Kollegen in die Kantine. Eigentlich ein idealer Ort für neue Bekanntschaften.

„Hm. Der Typ da hat das gleiche Essen.
Daran kann man Ähnlichkeit messen.
Doch irgendwie: so klein und dick.
Ne! Der ist nicht wirklich schick.

Tom da drüben! Fußball mag der auch.
Doch der isst mir zu viel Lauch.
Der riecht schon auf drei Meter weit.
Dazu bin ich nicht bereit.

Der von der Post wäre noch dran.
Sieht aus wie ich. Das war es dann.
Ich mag es nicht gleich auszusehn,
so ähnlich durch die Straßen gehn."

Die Pause ist vorbei. Hodenhannes begibt sich wieder an seinen Arbeitsplatz, kämpft gegen die Müdigkeit und macht das wirklich tapfer.
Etwas bedrückt wirkt er. Überhaupt kein potenzieller Kumpel beim Mittag gewesen? Aber der Tag ist noch jung und er findet schon einen guten Mitstreiter.

Es ist Nachmittag und der Dienst endlich vorbei. Hodenhannes geht ins Stadtzentrum. Dort ist am ehesten etwas los. Die Stadt ist sowieso eher eine kleine Kleinstadt. Es gibt nicht viele Orte wo jemand unterwegs ist. Da ist das Zentrum schon am besten geeignet.

Eine Gruppe von recht amüsanten Zeitgenossen kommt Hodenhannes entgegen. Sie reden ihn sogar an! Wahrscheinlich weil er so in sich gekehrt wirkt. Die wollen ihn tatsächlich aufmuntern. Sie scheinen sich verbunden zu fühlen, da auch die etwas klein und sackig aussehen.

„Hei! Was ziehst du denn für ein Gesicht? Komm mit uns mit! Wir gehen in die Kneipe. Dort gibt es ordentlich was zu littern!"

„Hm. Die Idee – sie klingt schon toll.
Doch die Kneipe ist schon voll.
Tut mir leid. Ich komm nicht mit.
Ich folge weiter meinem Schritt.
Ich wünsche euch total viel Spaß.
Trinkt auf ex! Das ganze Glas!"

Und die Truppe zieht davon. Hodenhannes wieder allein. Der kleine Sack ist schon recht wählerisch. So richtig verstehen kann man das nicht.

Doch auf einmal reist er seine Augen auf. Ein Stück vor ihm. Er ist von den Socken. Ein begeisterter Gesichtsausdruck. Geballte Freude überkommt ihn.

Eine Gruppe großer stattlicher Typen steht dort. Viel größer als Hodenhannes und jeder hat eine Glatze. Und das steht denen wirklich gut. Sagenhaft! Eine stolze Körperhaltung und dieser eichelförmige Kopf. Wirklich zauberhaft anzusehen. Die Körper lang und schlank. Sehr athletisch sehen die aus. Die treiben bestimmt viel Sport. Das ist es was Hodenhannes will. Er wirkt fast ein wenig verliebt; oder verehrend.

...UND NICHTS GELERNT!

Etwas aufgeregt wirkt er auch. Es ist wie Liebe auf dem ersten Blick. Gesehen! Und sofort wusste er: Einer von denen wird es sein!

Ein wenig erinnern die an Penispeter. So vom ersten Eindruck her. Genau solche Schwanzköpfe wie er. Aber das ist sicherlich Zufall.

Wie soll Hodenhannes nun Kontakt aufnehmen? Es ist nun nicht so wie bei der Gruppe zuvor. Die haben Hodenhannes ja nett und freundlich angesprochen. Bei dem Rudel Schwänze passiert das leider nicht.

Hodenhannes ergreift die Initiative:
„Hallo ihr gut gebauten Leute!
Was treibt ihr denn diesen Tag heute?
Von der Ferne fällt ihr auf,
mir scheint ihr habt es wirklich drauf!"

Die Truppe schaut Hodenhannes verdutzt an. So etwas ist denen auch noch nicht passiert. Eine derart direkte und auch noch so poetische Ansprache. Originell ist das schon.
„Mensch. Deine Art zu reden ist ja nicht schlecht. Das passt überhaupt nicht zu deinem Äußeren. Was interessiert dich unser Tag?"

„Ich bin zwar fremd. Mich gehts nichts an.
Aber bitte denkt daran:
Ich bin loyal und auch auf zack,
es funktioniert was ich anpack!

Mein alter Kumpel, er war wie ihr.
Den schmiss ich einfach vor die Tür.
Ich weiß genau: Ich fehl ihm sehr.
Denn durch mich war er viel mehr.

Nun such ich neue Mitstreiter.
Ich brauche einfach ein Vorreiter.
Einen mit Ideen, der handelt!
Der mit mir durch den Alltag wandelt."

Es wirkt wie beim Vorstellungsgespräch, nur nicht ganz so anbietend. Selbstbewusst tritt Hodenhannes schon auf. Das muss man ihm lassen. Aber irgendwie wirkt es auch unterwürfig. Für manche kommen solche Typen allerdings wie gerufen.

„Wir gehen runter zum Club. Wo denn sonst hin? Da ist heute richtig was los und Frauen haben freien Eintritt. Die Bude wird voll heißer Weiber sein!"

„Die Idee ist wirklich gut.
Endlich ein Plan – wie wohl das tut.
LEi und REi kann ich noch fragen.
Meine Idee! – Das werd ich ihn sagen. "

„OK! Ich komme dort mit hin.
Hol nur zwei Freunde ins Boot rinn.
Geht ihr schon vor, ich hol sie ab.
Heut wird gefeiert! Nicht zu knapp."

Gesagt, getan. Hodenhannes geht zu LEi und REi. Er erzählt den beiden von seinen neuen Freunden und was sie heute vorhaben. LEi und REi haben erst keine richtige Lust.

Hodenhannes erzählt gleich ganz aufgeregt was geschehen ist, nur ein wenig zu seinen Gunsten abgewandelt:

„Zufällig traf ich diese Kerle,
jeder glänzte wie eine Perle.
Sie wirkten stark und wohl gestanden.
Wir hatten uns gleich gut verstanden.

Ich schickte sie in den Club vor,
vermasselt mir jetzt nicht die Tour.
Ich sagte: Geht! Wir komm nach.
Kommt doch mit - weil ichs versprach!"

LEi und REi lassen sich nun doch überzeugen:
„OK. Wir kommen mit. Endlich mal wieder was los
hier. Wir müssen morgen zwar wieder arbeiten und
rackern. Aber es ist ja eine tolle Idee die du da hast. Das
muss man dir lassen. Da lohnt sich das schon."

Die drei ziehen sich um, stylen die Haare, üben noch ein
wenig Gesichtsausdrücke vor dem Spiegel und schon
geht es los. Ein Bier für den Weg fehlt natürlich nicht.
Wie in alten Zeiten. So muss es sein.
Noch ein paar Minuten und der Club ist in Sicht.
Hodenhannes wirkt schon etwas aufgeregt. Schließlich
trifft er hier vielleicht seinen potenziell neuen besten
Freud. Das ist schon etwas Besonderes.

„Kommt ihr beiden. Kommt ganz schnell!
Ne' Runde Bier ich gleich bestell.
Dort seh ich sie schon am Rand stehn.
Tragt das Bier! Wir könn hingehn.

Kommt wir drängen durch die Menge,
verschwappt das Bier nicht in der Enge.
Noch ein paar Meter und da sind wir,
dann gebt ihr denen mal das Bier.

Hallo Freunde! Schön euch zu sehn.
Die erste Runde kann auf mich gehn.
Kippt euch schön die Brühe rein.
Der Abend wird besonders sein!"

Und so nimmt der Abend seinen Lauf. Alle amüsieren
sich und auch LEi und REi genießen die Party. Sie
vergessen sogar, dass sie den nächsten Tag wieder raus
müssen und saufen einfach weiter und weiter.
Hodenhannes geht richtig geil auf der Tanzfläche ab.
Was ein paar Bier bewirken können. Irgendwann zu
später Stunde geht er zur Theke. Jetzt muss es alkohol-
frei sein.

Auf einmal spricht ihn einer seiner neuen Freunde an.
„Mensch Hodenhannes! Du bist ein guter Typ! Dass wir
dich so allein getroffen haben. Ein richtiger Segen bist
du für unsere Gruppe. Und wie du hier abtanzt ist
einfach geil. Du beeindruckst damit reihenweise die
Weiber. Schau wie die zu dir gucken. Die eine hat mir
ihre Nummer für dich gegeben."

Karl von Schwanz ist ein Bewunderer von Hodenhannes. Ein großer und athletisch gebauter Typ mit
einem Kopf wie Penispeter. Aber er scheint viel netter
zu sein.

"Meine Güte ist der nett.
Schön gebaut und ohne Fett.
Doch überhaupt nicht arrogant,
hat mich sogar beim Nam' genannt.

Und das obwohl ich ganz neu bin.
Ihn als Freund, das hätte Sinn."

Der Abend neigt sich nun dem Ende. Hodenhannes
scheint sichtlich glücklich. Denn er hat wirklich eine
neue Bekanntschaft gemacht. Dass es so schnell geht.

WAS MACHT PENISPETER EIGENTLICH?

Jeder geht nun heim. Das wird morgen ein harter
Arbeitstag. Besonders für LEi und REi, Hodenhannes
hatte sie dann überhaupt nicht mehr gesehen, wird es
schwer. Die sind vollkommen betrunken.

Und Hodenhannes? Er wirkt fast wie frisch verliebt, obwohl er doch nur einen neuen guten Kumpel gefunden hat.

Und was treibt der Penispeter eigentlich? Während Hodenhannes alles daran setzt einen neuen besten Freund zu finden ist Penispeter auch sehr aktiv und macht sich so seine Gedanken.

„Jetzt hat der kleine Sack das tatsächlich durchgezogen und ist verschwunden. Er hat mich einfach hängen lassen. Der war so schön hörig geworden. Den hab ich mir so gut erzogen. Und jetzt? Jetzt brauch ich einen neuen Dummkopf. Einen der das genauso mitmacht und es einfach nicht begreift.
Zumindest hab ich noch paar Schnecken in der Hinterhand mit denen ich mir die Zeit vertreiben kann. Nur auf Dauer brauch ich so einen Hodentyp. Sonst sieht es einfach scheiße für mich aus."

Penispeter weiß, dass er jemand braucht der ihm zuarbeitet. Allein schafft er es nicht.
Ein Schwanz alleine ohne Sack? Da kommt nichts raus.

„Ich brauche jemand, der sich führen lässt. Einen der scheiße aussieht und dem ich überlegen bin. So ein Unterschied zeigt den Weibern ganz klar, dass sie mit mir immer besser dran sind. Das müssen die sofort sehen!

Allerdings muss er auch kämpferisch und stark sein. Schließlich verlange ich ihm einiges ab. Da braucht es kein Weichei.

Und ein wenig Klugheit ist nicht verkehrt. So muss ich mich nicht um alles kümmern. Nur zu schlau darf er nicht sein, sonst haut er mir wieder ab.

Am besten er hat noch Geld und arbeitet. Sodass ich es nicht machen muss. Es reicht wenn sich einer die Dinge für uns leisten kann. Ich mach dann lieber mein Ding, was eh keiner versteht. Nur arbeiten, das gehört nicht dazu. "

Die Vorstellungen sind klar und das Ziel ist gesetzt. Jetzt geht es ans Eingemachte. Penispeter geht in eine Bar. Allerdings möchte er dort nicht allein hin. Das ist ihm unangenehm.

Er fragt einfach eine seiner Weiber. Die kann er irgendwo hinsetzen. Dort bleibt sie dann auch und läuft nicht weg. Das liegt an seiner Zielgruppe.

Penispeter hat ganz klare Vorstellungen. Der IQ darf maximal das Doppelte des Alters betragen. Und die Rechnung geht auf! Mit höherem Alter dürfen die Frauen etwas klüger werden. Denn mit dem Alter der Frau steigt wiederum die Gefügigkeit zu dem jungen athletischen Schwanzkopf. Die Optionen gehen den Frauen nämlich einfach aus. Somit sind sie gefügiger, obwohl sie intelligenter sind. Das sind Erfahrungswerte und über Generationen weitergegeben in der Familie Penis.

Ein weiteres Kriterium ist natürlich das Aussehen. Da legt sich Penispeter jedoch nicht fest. Wenn ein paar Eckdaten stimmen ist der Rest flexibel. Und es kommt auch auf den Zweck an.

Nachdem er mit dem passenden weibischen Objekt in der Bar erscheint hält er Ausschau nach einem neuen Lakaien, also „Kumpel".

Und er sieht einen Hodentyp. Der ist richtig mopselig. Der kann sicherlich gut zuarbeiten. Seine speckischen Beine wirken so kurz, das sieht sehr hinderlich aus. Genau richtig um das Weibel in den Plan zu integrieren.

„Hei meine Liebe. Weißt du was ich an Frauen bewunder? Wenn sie sich auch mit hässlichen Typen abgeben. Mit Typen, die einfach nicht so gesegnet wurden wie ich.

Schau mal der da drüben zum Beispiel. Der ist breiter als hoch. Furchtbar sieht der aus. Und diese Beine. Damit kann er nicht wirklich etwas anfangen. Für den würde ein Traum in Erfüllung gehen wenn du nur mit ihm redest. Glaub mir!"

Penispeter beobachtet sie noch ein paar Sekunden, nachdem er ihr das alles gesagt hat. Das ist aus zwei Gründen wichtig. Zum einen benötigt sie etwas Zeit und Ruhe für die Informationsverarbeitung. Also achtet er darauf, dass keine Ablenkungen dazwischen funken.

Und er muss auch sicher gehen, dass sie die Informationen tatsächlich aufgenommen hat. Dafür gibt es klare

Indikatoren. Wenn sie beispielsweise kaut, da muss nichts im Mund sein, zeigt dies eine Erhöhung der Hirnaktivität und verweist somit auf Datenspeicherung.

Alles scheint OK. Sie ist geistig ausgerichtet. Jetzt nur keine neuen Informationen geben. Erfahrungsgemäß sind die letzten Mitteilungen am prägendsten für das folgende Verhalten.

Penispeter geht zu dem Hodentyp.
„Hei! Mensch du wirkst unglücklich. Pass auf. Ich mach dich glücklich. Einfach weil ich ein netter Kerl bin. Ich habe hier ein Parfum. Es ist eine ganz besondere Mixtur und ich erzähle keinem woher sie stammt.
Ich sprüh dich damit ein und die Frauen werden auf dich stehen. Du glaubst nicht? Vertrau mir! Geh zu der heißen Kirsche da rüber und sprech sie an. Sie wird dich nicht abweisen."

Penispeter sprüht. Es riecht wirklich komisch. Das ist so ein Essigreiniger. Warum hat der gerade so etwas mit? Jedenfalls ist das Aroma so exotisch, dass es schon wieder besonders ist. Wie bei Medizin. Sie schmeckt nicht. Aber genau dann hilft sie, so denkt man.
Der Hodentyp geht zur besagten Frau. Sie ist geistig noch voll auf Einfühlsamkeit ausgerichtet. Es passt! Beide unterhalten sich. Und beide sind glücklich. Sie weiß, dass Penispeter so etwas mag. Den Respekt vor optischen Unfällen.

Und er, der Hodentyp? Endlich redet mal eine Frau mit ihm. Das ist so noch nie passiert! Manchmal ruft er die Zeitansage an, damit er länger eine Frauenstimme hört. Im Auto fährt er stets mit Navi und spielt, dass seine „Beifahrerin" den Weg navigiert.
Sie reden bestimmt fünfzehn Minuten. Der Hodentyp geht wieder weg. Er ist glücklich, zufrieden und, das ist am wichtigsten, Penispeter unendlich dankbar. Sie tauschen die Telefonnummern.

„Ich bin dir was schuldig. Danke!!!"Sagt der Hodentyp.

Das ist Musik in Penispeters Ohren. Bei Schuld wird er regelrecht geil.
Der Hodentyp geht mit einem breiten Grinsen raus aus der Bar. Und Penispeter zeigt seiner Begleitung wie begeistert er davon ist, dass sie sich mit dem dicken Hodentyp abgegeben hat. Er treibt es mit ihr am Abend, in der Nacht und bis rein in den nächsten Morgen. Das hat sie sich verdient. Stolz ist sie auf sich.

DAS FÄLLT SCHON AUF

Bereits am nächsten Tag ruft der Hodentyp bei Penispeter an und will ihn treffen. Er malt sich gedanklich seine neuen Erfolge schon aus. Wie die Frauen auf ihn stehen. Allein wie es auf der Straße wirkt, wenn so ein gut gebauter großer Schwanztyp mit ihm unterwegs ist. Ein ganz neues Leben winkt dem kleinen dicken Hodenmann.

Penispeter erkennt natürlich sofort die Situation. Wie der Hodentyp schon fragt. Ganz vorsichtig und aufgeregt. Penispeter weiß natürlich genau was zu tun ist und antwortet:
„Hm. Ach du bist der Typ von gestern Abend, richtig? Ich weiß wieder.
Ich glaube etwas Zeit habe ich dann schon. Wir treffen uns Nachmittag an der Ecke bei der Bar. Eine genaue Zeit kann ich nicht sagen. Warte einfach bis ich da bin!"

Auf keinen Fall zu viel Selbstvertrauen aufbauen! Das ist die klare Regel von Penispeter. Und die beherrscht er gut. So ein Fehler wie bei Hodenhannes passiert ihm sicherlich nicht noch einmal.
Der Hodentyp ist etwas verdutzt, kommt aber natürlich zum Treffen. Schließlich erhofft er sich richtig viel von der Freundschaft. Was so ein kleines fremdverschuldetes Erfolgserlebnis ausmacht, einfach Wahnsinn!
Es ist zwei Uhr am Nachmittag und der Hodentyp wartet. Es dauert eine halbe Stunde bis er auf der anderen Straßenseite einen Penistyp sieht. Stolz und aufrecht präsentiert der sich. Auch dieser hat einen Hodenmann dabei. Etwas verkümmert wirkt der kleine

Sack. Untergeben möchte man meinen. Aber wen kümmert es. Der Hodentyp wartet weiter.

Nach einer Weile bemerkt er, dass sich die Leute von ihm abwenden. Sie deuten dabei auf ihre Riechkolben. Der Hodentyp hat noch dasselbe an wie gestern Abend und da hat es doch positiv gewirkt!? Die Frauen, zumindest die eine, schienen angetan. Heute scheint die Magie verflogen. Vielleicht hat er zu sehr geschwitzt und die Mischung ist jetzt etwas ungünstig.

„Ich brauche dringend neues Duftzeug!"
denkt er sich und wartet verzweifelt auf Penispeter.

Endlich! Er sieht Penispeter die Straße rauf kommen. Nur drei Stunden warten und dafür das Leben fundamental verändern. Das ist doch OK.

Penispeter erkennt gleich die Situation und sagt:
„Grüß dich. Was guckst du denn so bettelnd?"

Der Hodentyp ist ihm wirklich auf den Leim gegangen, wie ein Junkie:
„Ich brauch etwas von dem Duftzeug gestern! Das hat mein Leben verändert. Aber es wirkt nicht mehr!"

Natürlich hat Penispeter heute keine Frau im Schlepptau. Keine die ihre Rolle spielen kann und den Schwindel unterstützt.

Doch Penispeter ist erfinderisch und sagt ihm:
„Heute versuchst du es ohne meine Hilfe. Vielleicht schaffst du es!"

Der Hodentyp nimmt seinen Mut zusammen und spricht eine Frau an. Er geht gleich aufs Ganze und pickt sich die Schönste raus.
Was macht sie? Sie schaut zu ihm runter, die Duftwolke steigt empor. Sie kann nicht anders. Ihr drückt es die Tränen in die Augen. Mehr als ein: „Gehen sie weg! Das ist widerlich!" bekommt sie nicht raus.
Das Selbstvertrauen ist komplett im Eimer. Noch mehr als vorher bettelt er nun Penispeter um seine Hilfe an.
Seltsam oder? Noch vorgestern schien er vermeintlich unabhängig. Ein Trick von dem gerissenen Penispeter und schon ist er auf ihn angewiesen. Da war er vorher sicher glücklicher.

Penispeter baut ihn auf. Natürlich! Das muss er schon tun.
„Hei du Hodentyp! Mach dir nichts draus. Es kommen andere. Ich bring dir wieder was von dem Zeug mit und du zeigst es den Weibern dann richtig. Kopf hoch!"

Wie es der Zufall so will. Ein Stück weit entfernt tapst Hodenhannes mit Karl von Schwanz durch die Straßen. Er tapst wirklich! Nämlich hinter Karl von Schwanz her.

Und natürlich sieht er Penispeter und diesen Hodentyp.
„Mensch da ist doch Penispeter
und sein neuer Fußabtreter.
Den hat er ja schon klein gemacht,
der ganze Typ hängt auf halb acht.
So traurig und von Schmerz geknickt,
der wirkt wie nutzlos durchgefickt.

Nur gut! Ich bin da ausgebrochen.
Den Duft der Freiheit gleich gerochen.
Vom Egoist schlicht abgewendet,
die Freundschaft strickt und klar beendet.

Mein neuer Kumpel: Karl von Schwanz –
ist ein Netter und der kanns.
Mit Respekt schaut er mich an!
Behandelt mich wie einen Mann. "

Hodenhannes denkt nicht daran zu Penispeter zu gehen. Ein wenig mulmig ist ihm tief im Inneren nämlich noch immer zu Mute. Das ist auch verständlich. Beide sind für lange Zeit Freunde gewesen.
Hodenhannes hat ein Lächeln im Gesicht. Er weiß jetzt, dass Karl von Schwanz die eindeutig bessere Wahl ist. Und er ist sogar etwas größer als Penispeter. Aber nicht dicker.
Penispeter hat in den letzten Tagen schon ein paar Erlebnisse mit Karl von Schwanz gehabt und erinnert sich gerade in der Situation sehr gern daran.

„*Klettern sind wir erst gewesen!*
Karl von Schwanz ist so belesen.
Er konnte mir so viel erklären,
mich mit vielem Wissen nähren.

So erfuhr ich gleich von ihm
wie ich Kletterzeug bedien.
Ich weiß jetzt wie ich sichern kann.
Wenn einer stürzt, ich halt ihn dann.
Darin wurd ich schnell sehr gut
und Karl von Schwanz hat richtig Mut.

Er klettert hoch auf viele Gipfel!
Sieht von oben die Baumwipfel.
Mich nimmt er zwar noch nicht mit hoch.
Zu klein, zu dick– das stimmt auch noch.

So sicher ich ihn von unten gern.
Sein Gipfel ist für mich noch fern.
Doch dass ich Teil davon bin,
es zeigt mein ganzen Neubeginn.
Ich mache und erreich so viel,
bin wieder stolz und habe Stil. “

Hm. Karl von Schwanz erstürmt die Gipfel und der kleine Dicke steht unten und sichert. ... Wenn es ihn glücklich macht.
Hodenhannes und Karl von Schwanz gehen weiter.

„Gehts dir gut mein Freund?" Fragt Karl von Schwanz ganz interessiert.

„Ja! Ich fühl mich wirklich fein.
Es könnte grad nicht schöner sein!"

Hodenhannes schaut in die Gegend. Auf einmal bemerkt er etwas Sonderbares. Überall so viele Schwanzköpfe. Und fast alle haben solche kleinen Hodenkumpel. Witzig sieht das schon aus. Die traben auch alle so unterwürfig ihrem großen Schwanzkopf hinterher. Da scheint kaum einer glücklich zu sein.

„Das sind ja paar schräge Typen!
Die gehen nur mit, so wie Polypen.
Nur gut! Bei uns da ists nicht so.
Ich krieche dem nicht in den Po.
Was ich will das zählt hier mit,
ich bestimm den nächsten Schritt.

Gut! Ok, er läuft voran!
Doch wenn ich was hab, da ruf ich dann!
Ich sag dann nur wonach mir ist
und weiß dass er das nicht vergisst. "

PENISPETER UND DIE ARBEIT

Penispeter ist mit seinem neuen Hodentyp sehr zufrieden und vermisst Hodenhannes kaum noch. Lediglich der berufliche Ehrgeiz von Hodenhannes könnte beim neuen Hodentyp vorhanden sein. Da ist nicht ganz so viel Engagement dahinter.

Es wäre für Penispeter schön wenn der Hodentyp erfolgreicher wird. Da ist wieder das Thema mit dem Auto und dem Arbeitsplatz. Es wäre schon besser für Penispeters Ansehen. Er könnte mit gewohnter Manier auf den Putz hauen. Aber Vorsicht ist geboten! Mehr Erfolg erzeugt mehr Selbstvertrauen. Das kann zu mehr Selbstständigkeit führen. Ein heikler Balanceakt.

Aber warum kauft Penispeter sich nicht einfach ein richtig tolles Auto oder prahlt mit seinem Job?

Was macht er doch gleich?

„Ich hoffe der neue Hodentyp fragt mich nicht nach meiner Arbeit. Das würde noch fehlen. Da muss ich wieder so rumeiern. Ich muss den beschäftigen! Dann fängt der nicht an interessiert zu tun und zu fragen.

Ich muss jetzt sowieso erst einmal los und mich um meine Geschäfte kümmern."

Geschäfte? Penispeter macht schon lange ein Geheimnis aus seiner Arbeit, wenn er denn überhaupt arbeitet. Sehr schwer kann es nicht sein, denn er wirkte schon zur Zeit der Freundschaft mit Hodenhannes ziemlich entspannt. Zudem er kaum zeitliche Verpflichtungen zu haben scheint.

„Hier ein Klick und da ein Klick. Hmm, genug für heut verdient. Ein Auto kaufen? Bloß nicht. Das Geld dafür kann ich anders gebrauchen. Wie soll sich etwas vermehren das ich nicht mehr hab? So ein Auto. Das verbrennt mein schönes Geld. Da fahre ich lieber eins das mir nicht gehört.
Mein Geld verlieren und in die Wirtschaft pumpen. Ich kann nur lachen darüber!
Je mehr Geld ich habe, desto weniger muss ich tun um noch mehr zu erhalten!"

Durch Arbeit schafft man einen Beitrag für alle in der Gesellschaft. Das weiß Penispeter. Und es ist einfach nicht so sein Ding.
Man kann von der Einstellung halten was man will. Ihm tut es gut. Kein Stress, keine Pflichten, sondern einfach das freie Leben. Das funktioniert allerdings nur, wenn wenigstens andere arbeiten. Irgendjemand muss ja wirtschaften.
Und da ist die Kunst der Motivation durch jemand wie Penispeter gefragt. Und das kann er sehr gut. Zumindest hat er Hodenhannes damit lange gefügig gemacht. Und jetzt dieser neue Hodentyp, na mal sehen.

DIE REBELLION DER HODEN
WIE EIN KLEINER SACK DIE WELT VERÄNDERT

„Mit Respekt schaut er mich an!
Behandelt mich wie einen Mann.“

DAS ALTE SPIEL

Hodenhannes hat sich davon losgerissen und sein Leben in eine neue Bahn gelenkt. Das muss man erst einmal schaffen.

Mit seinem neuen Kumpel Karl von Schwanz hat er jemanden gefunden der ihn achtet und respektiert. So empfindet es Hodenhannes zumindest.

Auch LEi und REi sind von Karl von Schwanz begeistert.

Hodenhannes weiß es:
„Dieser Typ, er ist schon fair.
Ihn zu mögen fällt nicht schwer.
Was er sagt, es baut schon auf.
Motivation! Das hat er drauf.

Respekt bringt er mir stehts entgegen.
Ich kann mit ihm so viel erleben.
Das Klettern grad, es ist so schön.
Gut, er lässt mich unten stehn.
Doch tut er das aus nur einem Grund:
Er will dass ich bleibe gesund.

Er weiß, dass ich es noch nicht schaff,
der einzge Grund: Ich bin zu schlaff.
Doch wenn ich fest daran arbeit,
dann bin ich dafür auch bereit.

Dann nimmt er mich wohl auch mit rauf –
wenn ich vor Fettheit nicht mehr schnauf."

So weiß Hodehannes ganz genau, dass Karl von
Schwanz ein Segen für ihn ist. Und da kommt er auch
schon zu Hodenhannes.

„Hei Hodenhannes. Na, wie war der Tag bis jetzt? Ich
hoffe schön. Mein lieber Freund. Ich möchte gern
einkaufen gehen. Ich brauch ein paar neue Sachen und
so einigen anderen Kram. Hast du vielleicht Lust mich
zu begleiten? Ich will ins große Einkaufszentrum.
Könntest du ausnahmsweise fahren?"

Hodenhannes denkt sich darauf:
„Mensch! Das kenn ich so noch nicht!
Für Penispeter war das nüscht.
In dem Zentrum, da ist schon viel los.
Ich war ihm peinlich. Ich dicker Kloß.

Wenn uns andre Menschen sahn,
dann hat er immer blöd getan.
Entweder schuppste er mich rum,
behandelte mich total dumm.
Oder aber er tat dann so,
als pflegt er mich. Was für ne Show.

Jedenfalls: Er stand nicht zu mir!
Außer beim saufen von viel Bier.

Dann schien ihm alles scheiß egal,
doch da war es für mich die Qual. "

Darum antwortet er voller Enthusiasmus:
„Karl von Schwanz! Es ist doch klar!
Natürlich bin ich für dich da.
Gern begleit ich dich da hin.
Ich bin dein Freund! Da macht das Sinn.

Mein Auto? Ja! Das könn wir nehm.
Der Platz ist groß, es passt bequem.
So kriegen wir all dein Zeug weg.
Ich denk das hat ein guten Zweck.

Vielleicht finden wir auch was für mich!?
Ich gefall mir zurzeit nich.
Mein neues Leben steht doch an.
Ich will Kleidung die das zeigen kann!"

So ziehen die beiden los. Karl von Schwanz nimmt das Zepter in die Hand. Er kennt sich in dem Einkaufs-zentrum auch richtig gut aus. Da macht es schon Sinn, dass er vorn weg geht.
„Komm Hodenhannes! Dort gibt es tolle Hüte. Ich wollte schon immer mal einen neuen Hut haben. Die stehen mir richtig gut. Was sagst du zu dem Model?"

„Der Hut verdeckt dein Eichelkopf,
sieht etwas aus wie ein Kochtopf."

„Hm. Das will ich nicht. Und das Modell?"

„Ein Zylinder? Na ich weiß es nicht.
Zu viel Schatten im Gesicht."

„Das ist ja schwer. Aber dieses Ding hier passt! Oder?"

„Na gut, ich denke mal es geht.
Der dir schon am besten steht!"

Und weiter geht es zu den Schuhen. Dann zu den Hemden. Und das ist noch nicht genug! Jacken, Shirts und Pullover kommen auch dazu.

„Hodenhannes. Du bist echt wunderbar. Das du das Zeug für mich trägst. Ich weiß überhaupt nicht wie ich das schaffen sollte. Nur gut, dass du mitgekommen bist. Sonst wäre ich schon aufgeschmissen. Danke! Du bist ein wahrer Freund!"

„Mein lieber Freund. Ich mach es gern.
Nicht zu helfen liegt mir fern.
Doch bitte laufe nicht so schnell,
ich mir sonst meine Beine stell.

Die Sachen versperren meine Sicht!
Was vor mir liegt das seh ich nicht.
Ich vermute nur wo lang es geht,

ich hoffe dass da keiner steht.

Steuer jetzt mal auch dahin
wo ich(!) am richtgen Laden bin!
Du weißt ich suche was für mich,
bis jetzt ging es ja nur um dich!"

Hodenhannes wird langsam etwas fuchtig. Das ist auch
verständlich. Denn er will sich ebenfalls etwas kaufen.
Doch er muss nur schleppen, stößt überall an und ist
total angestrengt. Und dann immer mehr Menschen,
überall! Und alle sind größer als er.

„Hodenhannes. Ich glaube dein Laden hat zu. Wir
können aber noch einmal etwas anderes schauen. Ich, äh
ich meine du, wir finden sicherlich da vorn etwas.
Ich würde dir mal helfen, dass du nicht so ganz
orientierungslos bist. Nimm das Stück Leine. OK? So
kannst du mir besser hinterher laufen. Ich pass auf, dass
der Weg frei ist. Ich helf dir doch gern und du siehst ja
wirklich überhaupt nichts."

Beide laufen durch die Einkaufsallee. Hodenhannes
kommt bedeutend besser zurecht als er den Führungs-
strick von Karl von Schwanz in der Hand hält.
Er will gerade wieder positiv von ihm denken, da
laufen sie an einem großen verspiegelten Schaufenster
vorbei.

„Oh mein Gott!! Was seh ich da?
Dieser Spiegel. Ist das wahr?
An der Leine lauf ich ihm nach!
Mein Ego liegt jetzt völlig brach.

Ich schlepp die Sachen. Allesamt!
Und was macht der Typ verdammt?
Hält die Leine! Führt mich damit!
So folge ich ihm Schritt für Schritt.

Ich sehe nichts durch seine Lasten.
Ich bin blind durch diesen Spasten.
Und er gibt mir jetzt was zum leiten.
Ich lass mich wieder vom Schwanz reiten.
Das ist ja schlimmer als zuvor!
warum mach ich sowas nur?"

WO WAR DER FEHLER?

Hodenhannes ist bedrückt. Eine Welt bricht gerade zusammen. Er ist so gedemütigt und so am Ende, dass er diese Schmach noch bis zum Auto über sich ergehen lässt. Er fährt Karl von Schwanz sogar noch nach Hause.

Doch dann überlegt er.
„Was ist denn da bloß nur geschehn?
Wie konnte es denn so weit gehn?
Er war doch immer furchtbar nett.
Er sagte nie ich wäre fett.

Er hat mich immer inspiriert,
sich über mich nie amüsiert!
Er stand mir bei und gab mir Halt!
Ich dachte: Mit dem als Kumpel wirst du alt!

Doch scheinbar ist das nicht der Fall.
Hab ich denn so ein riesen Knall?
Bin ich so dumm, dass ich nichts merk?
Nur ein blöder kleiner Zwerg?

Vielleicht kann ich auch nie mehr sein?
Bin auch im Geiste einfach klein? "

Er zweifelt an sich und dem was er tut. Die Wende
seines Lebens ist eine Sackgasse.
Doch Hodenhannes wäre nicht Hodenhannes wenn er
sich so schnell unterkriegen lassen würde. Wie war das
damals beim Fußball? Er hat sich selbst aus dem Dreck
gezogen, begann mit trainieren und hat sich verbessert.
So kann es wieder sein! So muss es wieder sein!

„Nein! So kann mein Sinn nicht sein.
Das Leben hier – es ist doch mein!
Ich glaube nicht, dass ich das bin.
In mir steckt noch so Vieles drin.

Das weiß ich, hab es oft gemerkt.
LEi und REi habens bestärkt.
Die sehen immer auf zu mir,
auch wenn ich mal hoch verlier.

Was hier mit diesem Typ geschah,
es war ein Fehler. Das ist klar.
Diesen Fehler hab ich wohl gemacht.
Und ihn erkannt! Wär doch gelacht!"

Hodenhannes geht es richtig an. Er ist ein Kämpfer und will sein Dasein als kleiner Sack nicht wahr haben. Statt im Boden zu versinken überlegt er was sein Fehler gewesen ist. Wo hat er die falsche Entscheidung getroffen? Wo ist er falsch abgebogen in der Vergangenheit? Wenn er diesen Fehler erkennt, dann kann er ihn auch wieder ausbügeln.

Hodenhannes überlegt. Er erinnert sich an einen Gedanken. Er hatte ihn und empfand diesen als wichtige Erkenntnis.

Die Worte sind noch genau im Kopf:
„Ich kenne endlich mein Problem!
Endlich lerne ich verstehn.
Ich brauche jemand der mich führt,
der mein Handeln dirigiert.
Jemand der mir sagt: Wohin!
So ergibt das alles Sinn."

Seine Augen werden groß. Sein Gesicht, es wird leer.
Noch leerer und die Augen noch entsetzter.

„Wie konnte ich nur sowas denken?
So leicht meine Person ertränken?
Und das auch noch Erkenntnis nennen?
Wie konnte ich mich so verrennen?
Was ist das für ein dummer Schluss?
Dass ich mich führen lassen muss?"

Das war die Entscheidung! Sie hat Hodenhannes zu
diesem Lakaien gemacht. Zu diesem ahnungslosen
Arschkriecher für diesen Schwanzkopf Karl.
Hodenhannes überlegt weiter. Was wäre die richtige
Schlussfolgerung? Was kann er aus der Situation
mitnehmen?

Natürlich!
„Ich kenne endlich mein Problem.
Ich ließ mir jede Wahl abnehm.

Jeder bestimmte einfach für mich.
Ich machte alles – ließ mich im Stich.

So hab ich nie für mich entschieden,
hab es später gern gemieden.
Hab es sogar als Last gesehn,
ließ so mein Leben einfach vergehn.

Die andren hatten es dann leicht.
Eine Ansage hat klar gereicht.
Schon bin ich gleich aufgesprungen,
habe nur um Lob gerungen.

Doch jetzt nutz ich die Freiheit wieder.
Entscheide selbst und bin mein Leader.
Ich bin frei und treff Wahlen allein:
Nur für mich! So muss es sein!"

Hodenhannes hat seinen Fehler erkannt! Er suchte jemand der ihn führt, weil er selbst nicht mehr entscheiden konnte. Das nötige Selbstvertrauen dazu und die Zuversicht, sie hatten gefehlt.
Aber sie scheinen zurück zu kommen. So geht er gestärkt durch sein Leben. Doch was fängt er damit nun an?

ER IST NICHT ALLEIN

Jetzt ist er wieder an dem Punkt. Er sucht einen Freund, einen Vertrauten. Denn das braucht man im Leben. Keinen Vorgesetzten oder Bestimmer.
Es gibt zwar LEi und REi, jedoch sind die beiden nicht so enge Freunde. Zumindest nicht die typischen Freunde mit denen Hodenhannes täglich um die Häuser zieht.
Doch wonach soll er gehen?

Wie vor einiger Zeit stellt Hodenhannes wieder etwas fest. Es geschieht eher nebenbei.
„Wenn ich mal in die Gegend seh,
während ich so durch die Straßen geh.
Da fällt mir ganz besonders auf:
Die Hoden! - Die sind scheiße drauf.

Jeder Schwanz hat so ein Sack,
die laufen wie nutzloses Pack.
Jeder schleicht dem Schwanz nur nach.
Jeder mit seinem Ego brach.

So gings mir also nicht allein.
Das kann doch da nicht richtig sein!"

Hodenhannes sieht die Ungerechtigkeit. Wie die großen Penistypen die kleinen dicken Säcke benutzen.

Er hat eine neue Aufgabe. Er braucht keinen Typ der ihn führt. Nein! Er führt sich selbst. Und er hilft den anderen Gleichgesinnten, die nicht so stolz im Leben stehen, wieder ihr Leben zu finden.

„Der da hinten! – Armes Schwein.
Den versuch ich zu befrein.
Der putzt die Schuhe von diesem Schwanz,
poliert bei jedem Schritt auf Glanz."

„Hei! Wie fleißig du doch bist.
Ob das da die Erfüllung ist?
Schau zu mir. Ich bin allein!
Kein Schwanz! Was könnte schöner sein?
Keine Pflicht die ich tun muss.
Meine Freizeit! – Ein Genuss."

Hodenhannes gibt dem kleinen schwabbeligen Typ einen Zettel und geht weiter.

„Der Typ dort! Das ist ja noch schlimmer.
Ich höre schon dieses Gewimmer.
Den Weg vom Schwanz fegt er rein.
Das kann doch nicht den sein Ernst sein!
Das wäre sogar mir zu blöd.
Doch was eben so alles geht."

„Hei! Hör mir mal kurz zu.
Was du da tust. Bist das echt du?

Ist es das was du tun willst?
Wo du vor Freude überquillst?
Du putzt den Weg für dieses Rohr.
Denk mal nach! Sei nicht so stur!"

Auch dieser Typ bekommt einen Zettel. Hodenhannes
hat keine Zeit. Er sieht an der Tankstelle einen Hodentyp der aus dem Auto vom Schwanzkumpel aussteigt
und es putzt.
Das bietet zwar auch der Tankstellenservice an. Aber
der Schwanzkumpel lehnt dankend ab. „Ich habe diesen
Hodensack. Der macht die Arbeit für mich!" sagt er frei
und offen gerade raus.

„Komm mal bitte kurz zu mir.
Los! Ich lad dich ein auf Bier.
Warum machst du das für den?
Wie kannst du denn nur so weit gehn?
Ganz offen gesteht dein Schwanzkumpel ein:
„Der putzt für mich! – Das ist so fein!"
Und du tust es trotzdem gern.
Dein eigenes Glück! – So furchtbar fern.
Hier! Lese dir den Zettel durch:
Komm vorbei, sei ruhig und horch!"

So geht es weiter und weiter. Hodenhannes verteilt
fleißig seine Zettel. Natürlich nur an Hodentypen, so
wie er einer ist. Es stehen nur ein Datum, Zeit und ein
Ort drauf. Sonst nichts! Das macht schon sehr neugierig.

DAS GROßE TREFFEN

Einige Tage verstreichen und dann ist es so weit. Hodenhannes begibt sich zu einer großen Lagerhalle. Sie liegt versteckt und nicht wirklich schön. Aber das ist auch nicht so wichtig. Die Größe zählt viel mehr.
Hodenhannes ist aufgeregt. Er wird heute eine Rede halten. Wie viele werden kommen? Das weiß er nicht. Er hat seine Zettel verteilt. Vielleicht kommt niemand? Vielleicht reicht die Halle nicht.
Schon aus der Ferne sieht er einige Stunden vorher ein paar kleine dicke Säcke bei der Halle lungern. Sie scheinen gespannt. Das erste Mal überhaupt, dass Hodenhannes Hoden ohne Schwanz sieht. Seltsam wirkt es. Irgendwie falsch. Aber es ist richtig!
Aus der Ferne signalisiert er ein kurzes „Hallo" und geht in die Halle.
Er muss noch viel vorbereiten. Sitzbänke gibt es zur Genüge. Eine Bühne für Hodenhannes gibt es auch. Es ist alles da. Das dürftige Licht funktioniert und erfüllt seinen Zweck.
Hodenhannes wartet. Die Halle füllt sich. Alle scheinen sehr gespannt zu sein. Was sie wohl erwartet? Sie kennen nur die Worte von Hodenhannes, Zeit und Ort.

Es ist so weit.

Hodenhannes legt direkt los:
„Willkommen meine schönen Hoden.
Machts euch bequem hier auf dem Boden.
Oder setzt euch auf die Bank.
Schön euch zu sehn und vielen Dank!

Was ich euch heute sagen will,
es bleibt bei euch, seid draußen still!
Es ist sehr wichtig und geheim,
ihr alle werdet Teil davon sein.
Ich sag es offen und frei raus:
Euer Leben ist längst aus!
Jeder von euch war unterdrückt,
als ich den Zettel in die Hand gedrückt.

Euer Leben lenkt ihr nicht!
Das macht nur dieses Schwanzgesicht.
Ihr macht und tut alles für ihn.
Habt euer Ich komplett verliehn.

Er entscheidet und ihr handelt!
Euer Willen ist verschandelt!
Eigens entscheiden könnt ihr nicht mehr.
Der Sinn des Lebens: Bei euch ganz leer.
Ihr macht nur noch was das Rohr sagt!
Der winkt ab wenn ihr mal klagt.

Ich hab es ganz genau gesehn!
Ruhig und dienend, im Schatten gehn.

Selbst mal wählen was gut ist.
Es fehlt euch nicht! – Weil ihrs nicht misst.
Ihr misst es nicht weil ihr es nicht kennt!
Weil ihr nur für seine Gunst rennt.

Doch merkt euch: Falsch ist was ihr tut!
Brecht da aus und habt den Mut!
Zusammen machen wir uns stark!
Verbannen diesen Psychosarg.

Egal ob Chef, ob Kumpel oder wer,
sie alle mögen euch nicht sehr!
Wenn sie euch so nutzend sehn,
dann solltet ihr bei Zeiten gehn.
Wir geben uns dafür die Kraft,
 dass jeder seinen Ausbruch schafft!"

Hodenhannes hat sich selbst übertroffen. Die Hoden-
menge ist erleuchtet, glücklich und auch bestürzt.
Bestürzt über die Sinnlosigkeit des Dienertuns in ihrer
Vergangenheit. Erleuchtet über die Einsicht und Erkenntnis an diesem Abend. Und glücklich über den Halt
und die Kraft durch die große Gruppe.
So können sie Schritt für Schritt den Ausbruch wagen.
Sie geben sich gegenseitig Selbstvertrauen und sind eine
starke Gemeinschaft. Keiner ist allein und jeder weiß,
dass es den Vormund im Leben nicht braucht.

PENISPETERS RACHE

Die folgenden Wochen verlaufen aufregend. Viele Hoden werden aufmüpfiger und orientieren sich an ihren eigenen Interessen. Den Penistypen stößt das immer mehr auf. Das leichte Leben auf dem Buckel der kleinen dicken Säcke scheint sich zu wandeln.
Penispeter spürt das ganz deutlich. Er versucht die Schwänze auch zu einem großen Treffen zu animieren. Sie müssen etwas tun! Jedoch, das ist nicht so leicht. Es handelt sich um reine Egoisten, welche überhaupt nicht in der Lage sind sich so kollektiv zu engagieren.
Eine kleinere Gruppe kann Penispeter wenigstens aufstellen. Aber so eine geballte Menge wie Hodenhannes ist einfach nicht drin. Schwänze sind da sehr revierbetont. Zu viele können sich nicht organisieren.

Tja! Die Hoden wurden von Unterdrückung getrieben und die Penisse von Verlustangst. Sie sehen eher die Gefahr in der Zukunft zu kurz zu kommen. Das ist kein guter Auslöser um sich in einer Gruppe zusammen zu schließen.
Penispeter und seine kleine Gang aus Schwänzen schmieden einen Plan gegen die Befreiung der Hoden.

„Ich habe einen Plan. Mit meinem ehemaligen Kumpel Hodenhannes hatte das damals funktioniert. Wir müssen sie ablenken und beschäftigen. Sodass die wieder einen anderen Sinn im Leben sehen und sich darauf fokussieren. Einen Sinn den wir diktieren. Vielleicht sollten wir die Gruppe auch spalten. Ich überleg mir was!"

Penispeter hat genaue Vorstellungen für einen Zweistufenplan. Durch seine kleine Gruppe hat er auch genug Kontakte um den Plan umzusetzen.

„Zuerst müssen wir sie über die Medien kriegen. Ich gründe eine Radiosendung. Das ist einfach und schnell gemacht. Die beste Zeit ist am Abend. Da gehen die Hodentypen danach ins Bett und denken nur noch daran, denn es war ja der letzte Eindruck des Tages."

Zufällig ist Karl von Schwanz mit in Penispeters Gruppe. Er hat auch die Beziehung zu einem Radiosender und kann leicht für die Ausstrahlung sorgen. Ein wenig Werbung und Lob für die Sendung werden vornweg ausgestrahlt. So puscht die Gruppe ihren teuflischen Plan.
Auch Hodenhannes weiß nichts davon und ist durch die Werbung schon gespannt was da kommt.

Hodenhannes schaltet ein und erschrickt. Er erkennt die Stimme von Penispeter.
„Was macht der Typ denn bei der Show?
Das ist doch wirklich seltsam so.
Vom Inhalt her ist es so leer,
versprochen habe ich mir mehr. "

Hodenhannes hört es sich weiter an, wohl wissend um irgendeine List. Aber er möchte ja verstehen was da passiert. Die Sendung, es ist eine Art Soap, ist vorbei.

Plötzlich, total beindruckend und fesselnd, eine Werbung: „Beweis deine Stärke! Erbeute Rohstoffe und führe dein Volk zum Sieg!"

Sogar Hodenhannes ist kurz gefesselt und neugierig. Doch! Er bleibt stark und recherchiert. Es ist lediglich ein Onlinespiel.
Penispeters teuflische zweite Stufe. Die Hoden mit einem Rest Eigenantrieb und Tatendrang in diese Welt schicken und beschäftigen. Bei Hodenhannes läuten alle Alarmglocken.
Er muss die Hoden vor der Falle warnen! Doch es ist schwer. Er muss ja auch auf Arbeit seinen Pflichten nachkommen. Ihm fehlt einfach die Zeit. Nur spärlich erreicht er sein Hodengefolge.
Hodenhannes trifft einige der Hoden unterwegs und bemerkt diese seltsame Kleidung. Viele haben den gleichen Luck. Nur in verschiedenen Farben. Manche blau und manche sind in rot.
Er denkt sich nichts weiter dabei, denn jeder kann ja anziehen was er möchte. Doch dann sieht er wie sich zwei Hodentypen lautstark streiten. Der eine in blau und der andere in rot.
Hodenhannes geht sofort hin und versucht zu schlichten. Die beiden scheinen eine tiefe Abneigung gegen-

einander zu haben. Vermitteln kann Hodenhannes nur
sehr schwer.

„Was haben denn die zwei genau?
Der eine rot der andre blau.
Wir alle tragen eigene Sachen,
das kann doch so viel gar nicht machen.
Doch überall seh ich die Gruppen.
Rote und blaue Hodentruppen.
Die selbe Farbe: Man kommt aus.
Die andre Farbe: Man fliegt raus!"

Hodenhannes erfährt das Geheimnis. Es sind die Farben
der beiden Clans im Onlinespiel. Jetzt wird es ihm klar
und er weiß natürlich, dass die Penisse dahinter stecken.
Wer sonst würde etwas davon haben, dass sich die
Hoden verstreiten?

„Die spalten uns mit diesem Spiel,
weil unser Plan den nicht gefiel!
Zum einen kostet das Spiel Zeit,
keiner mehr zum denken bereit.
Nur das Spiel und diese Show!
Kurz unterbrechen? – Nur fürs Klo.

Die Hoden vergessen, mehr und mehr,
den Sinn der Freizeit. Sie sind leer.
Irgendetwas muss ich tun,
das lass ich nicht auf uns beruhn."

EINE REBELLION?

Der Plan der Penisse ist in vollem Gange. Die Hoden ablenken und das eigene Denken abschalten. Wie eine kleine Gruppe Penisse so viele Hoden beeinflussen kann. Sagenhaft!

Wenn Hodenhannes diese Radioshow genauer hört merkt er, dass der Inhalt einfach nur verblödend ist. Umso mehr ist er bedrückt darüber, dass die Hoden sich dem so hingeben.

Und im Zuge dessen der zweite Schritt. Die Hoden einander aufhetzen. Durch diese nutzlose parallele Onlinewelt, die noch mehr Zeit beansprucht. Das machen die Penisse wirklich schlau, das muss man ihnen lassen.

Hodenhannes erkennt das Dilemma. Was soll er nur machen?

„Ich seh genau was hier passiert!
Die werden einfach fernregiert.
Die Hoden verlieren ihren Willen.
Und das ganz heimlich hier im Stillen.

Gemeinsam wären wir so stark!
Doch sind wir geteilt wird das Quark!
Die eine Gruppe bäumt sich auf,
gibt der andren eine drauf.

So schwächen wir uns Stück für Stück!
So geht die Macht zum Schwanz zurück.
Sie müssen das jetzt schnell erkennen.
Sonst werden sich alle verrennen.

Verrennen in der heilen Welt,
die nur den Penissen wirklich gefällt.
Denn sie üben dort das Herrschen aus.
Ich hol die Hoden da jetzt raus!"

Hodenhannes ist jetzt so weit gegangen und hat die
Hoden doch schon so weit gekriegt. Er kann jetzt nicht
aufgeben. Er muss etwas tun um das Ruder zu reißen.

Er muss die Sendung und das Spiel sabotieren. Die
Penisse haben es zwar gut aufgebaut und organisiert.
Aber Hodenhannes kennt die Sendestation. Und er ist
kein Dummer. Er hat technisches Verständnis, ist schlau
und ehrgeizig.

Hodenhannes ist auf dem Weg zur Sendestation. Dort
angekommen weiß er was zu tun ist.
"Hier verbreiten sie den Mist.
Wo jeder Hörer sein Selbst vergisst.
Die haben nicht mal abgeschlossen
und das Ding auch grad verlassen.

Die unterschätzen uns vollkommen,
ruhig geh ich rein und ganz besonnen.

Nicht dass hier eine Falle ist.
Bin fast am Ziel – das wäre Mist!
Dort seh ich schon die Technik stehn.
Die Sendung tut von hier ab gehn.

Ich mach es einfach und ganz schnell,
verbrenne alles auf der Stell.
Es ist gerade keiner da.
Der beste Zeitpunkt! Das ist klar. "

Hodenhannes legt ein gigantisches Feuer. So voller Elan und so organisiert hat man ihn selten gesehen.

„Und schon steht das hier schön in Flammen!
Ich werd das Teufelszeug verbannen.
Der Geist der Hoden. Endlich frei!
Ich hol sie alle schnell herbei. "

Hodenhannes weiß um diese kritische Phase. Die Hoden haben sich mit dieser Show und dem Spiel wohl gefühlt. Es gab ihnen eine Stabilität in ihrer Welt, auch wenn sie dadurch nur gesteuert wurden.
Jetzt verlieren sie diesen Halt. Sie brauchen eine neue Orientierung und jemand der sie auffängt.
Er muss sie schnell alle zusammentrommeln. Hodenhannes trifft einige auf der Straße. Andere ruft er an. Durch ihr Spiel stehen die ja gut im Kontakt und können so Hodennhannes' Anliegen schnell weitergeben. Nur gibt es diese Uniform nicht mehr. Alle sind

Hoden! Das müssen die wieder begreifen. Nur dann werden sie auch erfolgreich vor ihren Penissen rebellieren.

Hodenhannes lässt den Hoden eine Nachricht zukommen.
„Ihr lieben Hoden. Ich war das!
Ja! Ich nahm euch diesen Spaß.
Ich bin ehrlich und ich steh dazu,
trefft mich nun hier und hört mir zu!"

Die Hoden finden sich wieder in dieser Halle ein.
Manche sehen wütend aus und manche neugierig.
Jetzt liegt es an Hodenhannes. Kann er alle besänftigen?
Kann er sie wieder auf den Weg führen? Den Weg, den er bereits mit ihnen anfing zu gehen? Wird er die Hoden zur Rebellion bewegen können?
Manche Hoden wollen Hodenhannes von der Bühne zerren. Andere halten sich erst einmal zurück. Es ist ein Durcheinander!
Etwas ist diesmal anders. Sie haben wirklich etwas verloren. Etwas das ihnen die Penisse gegeben haben. Allerdings etwas Unnützes. Doch es schien alles für die Hoden zu sein.
Was wird am Ende dieses wichtigen Treffens stehen?

„Die spalten euch mit dieser List!
Dass jeder auch sein Ziel vergisst.“

„Wann beginnt ihr denn endlich zu denken?
Und hört auf euer Leben zu verschenken!“

DIE ERKENNTNIS
EINE FRAGE DES CHARAKTERS
DER SCHMALE GRAT ZWISCHEN
ERFOLG, MACHT UND VERFÜHRUNG

Teil 3

„Er hat so viel! Obwohl wir alles teilen."

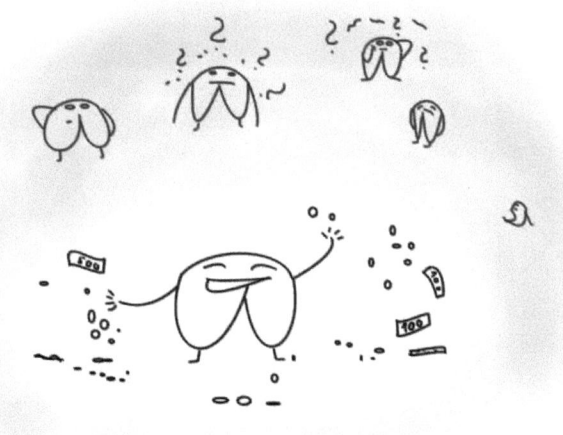

„Das schaffen wir auch!"

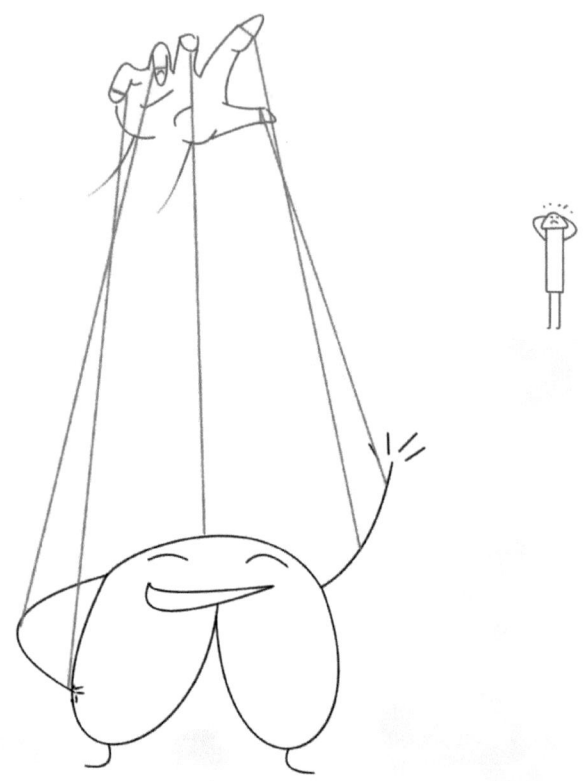

DER GROßE AUFTRITT

Die Menge ist aufgebracht. Eine Mischung aus Neugier und Zorn zeigt sich verbreitet. Hodenhannes ist schon ein bekannter Name. Doch der Respekt vor ihm kann schnell schwinden.
Mit seiner folgenden Rede lenkt er die Zukunft der Hoden. Rebellion oder Unterwürfigkeit? Das ist die Frage. Er stellt sich stolz in die Mitte der Bühne. Ein Lichtstrahl lässt ihn erhellen und seine Körperhaltung demonstriert Zuversicht und Entschlossenheit.

„Liebe Hoden! Wichtig, dass ihr da seid!
Ein neues Leben! Ihr seid bereit!
Ich geh in mich und denk zurück,
ich erzähls euch jetzt im kurzen Stück.

Mit Penispeter war ich einst Freund.
Gemeinsam haben wir nichts versäumt.
Wir erlebten einst so viel zusamm!
Was man als Team so alles kann.

Doch mit der Zeit bemerkte ich:
Es ging nicht einmal auch um mich.
Stehts war sein Begehren wichtig!
Das ärgerte mich damals richtig.
Doch interessiert hat es ihn nicht!
Er schürte Dunkel und kein Licht.

Ahnungslos sollte ich bleiben,
mich seinem Lebensziel verschreiben.
Doch es passierte irgendwann,
dass ich zu denken wohl begann.

Ich erkannte dann was er da tut
und erfasste meinen Mut.
Den Schurken hab ich abserviert
und mein Leben inspiriert.
Dieser Schritt hat gut getan!
Mein freies Leben so begann.

Dann sah ich voll Erschrockenheit,
dass all ihr Hoden arm dran seid!
Jeder Schwanz hat einen Sack,
behandelt den wie Lumpenpack.
Geht in euch und denkt zurück,
gefehlt hat euch jedwedes Glück.

Ich hab euch dann dort raus geholt,
hab eure Füße neu besohlt!
Ich hab euch alle wach gemacht!
„Unser Held!" habt ihr gedacht.

Die Schwänze waren dann schon schlau!
Wie man täuscht - sie wissens genau.
Mit Radioshows und Spielen dann,
da kriegten sie euch wieder dran.

Abgelenkt vom realen Leben
solltet ihr nach Fiktion streben.
Mit diesem Onlinespiel ha'm die's geschafft!
Und keiner von euch hat das gerafft.

Ihr habt euch dann sogar verstritten!
Freundschaft und Weisheit haben gelitten.
Unsere Einheit wurde tief gespalten.
Wie dumm war denn euer Verhalten!

Euer Leben habt ihr nach denen gerichtet!
Ja! Ich hab das dann vernichtet!
Das Spiel kaputt, die Show zerstört.
Merkt ihr wie ihr reagiert?
Wut und Hass machen sich breit.
Ihr lebt nur noch von Zorn und Streit.

Doch jetzt habt ihr die Chance zu handeln.
Lasst euch nicht von den verschandeln!
Was sie euch gaben; es war zur Sucht gedacht!
Zeigt ihnen, dass ihr drüber lacht.

Diese Scheinwelt machte Spaß.
Doch euer Leben! – Das ist doch was.
Weil es aus euch und euren Lieben besteht.
Und es nur einmal ist; und dann vergeht.

So schaltet endlich das Hirn ein!
Euer Leben muss auch euer sein!

Eure Freizeit lasst ihr nicht bestimmen!
Eignes Handeln muss beginnen.
Kein Schwanz sagt euch wo lang es geht!
Ich hoffe, dass ihr mich versteht.

Darum legt ab die Sucht nach Shows!
Was bringt euch diese Scheiße bloß?
Denkt nicht mehr an dieses Spiel!
Auch wenn es euch so sehr gefiel.

Wendet euch von diesem Unfug ab!
Ohne euch sind Schwänze schlapp!
Ausgenutzt! Das ist gewesen!
Selbst seid ihr doch so erlesen.

Darum bilden wir nun hier und heute
eine eigne starke Meute.
Wir sind die Hoden! Wir sind kein Dreck!
Wie fegen nun die Schwänze weg.
Die brauchen wir ganz sicher nicht!
Wir haben unser Lebenslicht!"

Die Menge tobt. Hodenhannes hat es tatsächlich geschafft die Hoden zu vereinen. Sie verspüren Kraft und Auftrieb. Jetzt ist es an der Zeit die Schnüre zu durchtrennen. Es ist Zeit für die Hoden die Verbindung zum Schwanz zu kappen. Ohne Hoden hat der Schwanz nichts was ihn zum Auferstehen bringt. Nur noch ein nutzloses Stück Fleisch soll er sein.

DER ERSTE SCHRITT

Bereits am nächsten Tag geht es los. Einige Hoden, sie sind noch voller Euphorie, können es kaum erwarten.

Da sind zum Beispiel die drei Putzhoden. Zu beneiden sind die nicht. Ihr Chef, der saubere Schwanz, lässt sie jeden morgen gegen vier Uhr aufstehen. Und dann schickt er sie zum putzen. Toiletten, Treppengänge, Duschräume, einfach alles was dazu gehört. Eine richtige Knochenarbeit ist das. Und wirklich nicht zu unterschätzen.

Die drei Putzhoden kennen es nicht anders. Tag für Tag stehen sie so zeitig auf und verrichten ihr Werk. Es ist alltäglich geworden. Und wofür? Der saubere Schwanz schreibt ordentlich Rechnung dafür und bekommt wirklich gutes Geld.

Natürlich bekommen die Putzhoden auch ihren Anteil. Aber der ist schwindend gering. Leben können sie davon kaum. Doch was sollen sie tun? Sie müssen ja putzen. Schließlich sind es Putzhoden!

Einer der Putzhoden hatte es einmal gewagt. Er fragte den sauberen Schwanz nach etwas mehr Geld. Doch die Antwort ist einfach nur nervig gewesen:

„Putzhoden zwei! Wenn sie wüssten unter welcher Kostenlast ich stehe! Es ist wirklich furchtbar. Werden sie nie Unternehmer, das rate ich ihnen. Ich würde es nicht noch einmal tun. Kalkulieren hier und umplanen dort. Dann noch diese Beschwerden. Beschwerden über meine Mitarbeiter. Auch sie! Und ich muss so viel Steuern zahlen. Ich zeige ihnen demnächst mal die Betriebszahlen. Sie werden sich umschauen!"

Viel „bla bla" und sonst nichts. Natürlich haben die anderen Putzhoden keine Lust auf so eine dümmliche Antwort und fragen gar nicht erst. So geht das nun schon einige Jahre.

Doch die Putzhoden sind bei Hodenhannes' Ansprache gewesen! Ihnen ist die Arbeit jetzt egal. Es geht hierbei um sie selbst! Sie würden schon etwas anderes finden. Die Hoden helfen einander, daher haben sie keine Angst mehr.

Der saubere Schwanz möchte einen neuen Auftrag bekommen. Dafür steht er natürlich auch gern einmal zeitig auf. Mit den Putzhoden im Schlepptau, alle laufen in einer Reihe hinter ihm her, stellt er sich dem vielleicht neuen Auftraggeber vor.

Die beiden reden technisch und nehmen sich außerordentlich wichtig. Schritt für Schritt geht die Kolonne das Gebäude ab.

Irgendwann redet der Auftraggeber mal konkret über die Arbeitszeit:

„Drei Stunden!" fordert er.

Einer der Putzhoden entgegnet:

„Etwa pro Woche?"

Darauf der Auftraggeber:

„Nein! Natürlich pro Tag. Was glauben sie denn?"

Der Putzhoden schaut erschrocken:

„Wie bitte? Das ist ja noch mehr! Hören sie. Von täglicher Arbeit hat niemand etwas gesagt. Dafür sind wir zu alt. Soll die Jugend ran. Wir gehen!"
Die Putzhoden ziehen ab. Der saubere Schwanz schaut erschrocken. Damit hat er nun nicht gerechnet. Ist das wirklich passiert? Die Putzhoden feiern sich und diese Befreiung. Sie rufen sofort Hodenhannes an um zu berichten.

Schwanz Sport ist ein ganz großer Meister des Fußballs. Zumindest will er das den anderen andauernd vermitteln. Natürlich versucht er mit seinen Künsten auch immer wieder Frauen zu beeindrucken. Es sind nicht viele die auf diese Masche anspringen. Aber das macht nichts. Die wenigen die es mögen reichen für ein befriedigendes Leben aus.
Auch an diesem Tag steht wieder eine besondere Schönheit am Platz und schaut einfach zu. Wenn man ihr genau ins Gesicht sieht, dann weiß man nicht so recht was man denken soll. Diese Leere im Blick. Schaut sie den Spielern zu oder starrt sie einfach nur Löcher in die Luft? Arbeitet hinter den Augen eine Maschinerie aus Neuronen oder ist dort ein tiefes Nichts?
Schwanz Sport geht davon aus, dass sie halbwegs verarbeiten kann was sie sieht. So spricht er drei Ball-hoden an ob sie gegen ihn spielen. Er kennt sie flüchtig. Einer gegen drei? Das ist schon eine Herausforderung.

Da muss er etwas mogeln und sagt zu den Ballhoden: „Jungs! Ihr müsst mich gewinnen lassen. Ihr wisst, dass ich viel zu sagen habe hier im Verein. Wenn ihr nicht mitspielt dann sorge ich dafür, dass ihr nie wieder auf den Platz dürft. Guckt nicht so blöd und stellt euch einfach dumm an!"

Schwanz Sport zwinkert der Schönheit erst einmal zu. Bevor das Spiel startet muss er ihre Aufmerksamkeit wecken. Das ist besonders wichtig! Sie muss seinen Sieg von Beginn an verfolgen können.

Als sie das zwinkern nicht merkt ruft er sie laut. Wieder nichts. Schließlich wirft er den Ball direkt zu ihr, was sie dann bemerkt.

Er geht auf Nummer sicher und erklärt ihr was er vor hat. Sie macht nicht den Eindruck als würde es sich ihr vom Zusehen erschließen.

„Ich werde gegen die drei dort unten spielen und zwar ganz allein. Wer mehr Tore schießt gewinnt. Die sind gut, das weiß ich. Aber ich bin besser! Schaust du mir bitte zu?"

Diese plumpe Aufforderung kam super an. Ihre Aufmerksamkeit ist nun gänzlich auf Schwanz Sport und die Ballhoden gerichtet.

Schwanz Sport darf, da er allein ist, als erster den Ball bekommen. Die drei Ballhoden nehmen ihn nicht richtig ernst. Sie unterhalten sich. Schwanz Sport schießt ein Tor. ... *„Seltsam!?"* denkt die Schönheit.

Die Ballhoden haben Anstoß und spielen den Ball direkt zu Schwanz Sport. Und wieder ignorieren sie das Spiel und Schwanz Sport kann direkt zum 2:0 aufstocken. Selbst die Schönheit ist verdutzt über die lasche Gegenwehr. *„Die sollen gut sein?"* denkt sie sich. *„Die können das doch überhaupt nicht!"* Gelangweilt schaut sie auf ihre Nägel.

Doch jetzt? Die Ballhoden legen los. Schwanz Sport rennt nur noch dem Ball hinterher. Er sieht keinen Stich. 2:1 steht es! Die Ballhoden tricksen und schießen Traumtore. Fünf Minuten später steht es 8:2 für die Ballhoden.

Die Schönheit lacht und sagt:"Gegen die verlierst du so hoch? Du hast doch gesehen wie schlecht die sind. Du bist eine Pfeife!!!"

Die Ballhoden gehen zu Schwanz Sport und sagen: „So! Wir haben unseren Spint ausgeräumt. Wie schon von dir angedeutet: Wir sind ab jetzt nicht mehr da!"

Schwanz Sport schaut nur. Was soll er machen? Die Ballhoden betteln nicht um Zugehörigkeit. Es ist ihnen egal. Sie gehen, lachen und sind stolz.

So ergeht es vielen Penissen in diesen Tagen. Bloß-stellung durch die Hoden und keine Machthabe mehr. Damit können die überhaupt nicht umgehen. Die Hoden auf einmal voller Selbstvertrauen? Nicht mehr gefügig? Wie sollen die Penisse jetzt ernsthaft zu etwas kommen? Große Probleme kommen auf sie zu.

FREIHEIT! - UND NUN?

Für die Hoden ist es eine vollkommen neue Erfahrung. Das kannten sie so überhaupt noch nicht. Aber es fühlt sich gut an.

Zu Abend treffen sich Hodenhannes und einige Hoden in der Bar. Hodenhannes ist stolz auf die Hoden und das sagt er ihnen auch:

„Ihr seid ein großen Schritt gegangen.
Konntet so Freiheit erlangen.
Selbstbestimmung obendrein,
wertvoller kann kaum was sein.

Verstehts nicht falsch! Pflichten hat jeder!
Der eine früh, der andre später.
Im Leben gibt es immer Dinge
welche in eine Richtung zwinge.
Doch die Ursachen davon,
sie haben da bei euch begonn!
Meist entstehen sie aus Sachen,
die für euch selber Freude machen.

Doch die Herrschaft dieser Schwänze
hatte nichts Gutes in ihrer Gänze!
Das eine Ding das Freude macht.
Es ließ euch komplett außer Acht.

Noch mehr! Es gab dies nicht einmal.
Und so der Schwanz euch Freude stahl.

Ab jetzt wählt ihr euch selbst die Pflichten.
Müsst auf Freude nicht verzichten.
Ihr wählt allein was für euch gut ist,
dass ihr schöne Zeit nicht misst.

Doch wichtig dabei: Seid stehts bedacht!
Was ihr aus dieser Chance macht.
Die Verantwortung aus freier Wahl,
manchmal ist sie schon ne Qual.
Verschwendet euer Leben nicht!
Auf das Denken sollt man nie verzicht!"

Mit seinen mahnenden Worten hat Hodenhannes seinen Freunden und seinem Gefolge eine wichtige Botschaft gegeben.

Was er so nebenher in der Bar sagte verbreitet sich schnell unter den Hoden. Und das ist auch gut so. Jeder Hoden muss seinen Weg nun auch in die Hand nehmen. Das eigene Schicksaal steuern und versuchen Glück, Freude und Zuversicht zu empfinden.

Das ist nicht so einfach. Eine Unterhaltung zwischen zwei Hoden am nächsten Tag auf der Straße zeigt das Dilemma ganz deutlich:

Der Hodenmann:
„Grüß dich. Na! Hast du auch etwas Langeweile?"

Der andere Hodentyp:
„Ja, ein wenig. Nach dem Aufstehen hab ich erst einmal ordentlich gegessen und die Ruhe genossen."

Der Hodenmann:
„Ich auch. Halb elf war es glaube. Ich machte die Augen auf und tat etwas im Haushalt. Zumindest das was man im liegen so machen kann. Dann stand ich auf."

Der andere Hodentyp:
„Das machst du doch richtig. Kein Stress. Nach den wichtigsten morgendlichen Aufgaben hab ich Fernsehen geschaut. Es war ganz interessant gewesen."

Der Hodenmann:
„Ah! Ich auch. Was hast du denn gesehen?"

Der andere Hodentyp:
„Ich hab etwas… Da waren so Leute. Eine Doku über irgendein Land. Ich weiß nicht mehr genau."

Der Hodenmann:
„Ich habe diese Soap geschaut. Das war spannend. Dass es die Frau mit diesem Typen und auch dessen Bruder treibt. Wahnsinn! Damit habe ich nicht gerechnet."

Der andere Hodentyp:

„Ja. Das habe ich danach geschaut! Ich war sehr überrascht. Aber ein wenig vermutet habe ich es trotzdem. Mein kleiner Hodennachbar hat das auch gesehen. Der war überhaupt nicht überrascht, sagte er. Damit hatte er voll gerechnet!"

Der Hodenmann:

„Echt? Wahnsinn. Nicht schlecht. Davon konnte man eigentlich nicht ausgehen. Ein guter Beobachter!
Weißt du. Ich liebe meine Freizeit. So etwas hab ich früher kaum gesehen als ich mich um sein Wohlbefinden kümmern musste. Jetzt wo ich Zeit habe mich um mein Wohlbefinden zu kümmern, da nutze ich meine Möglichkeiten endlich!"

Der andere Hodentyp:

„Das hast du richtig erkannt. Nur als die Soap vorbei gewesen ist kam dann die Langeweile. Ich suchte und suchte. Leider habe ich überhaupt kein neues Programm gefunden. Nichts was mir gefallen würde."

Der Hodenmann:

„Ja. Mir ging es auch so. Aber ich musste sowieso einkaufen. Daher war es ganz gut so."

Als die beiden von Hodenhannes' mahnender Ansprache hören stimmen sie bereitwillig zu. Sie sehen sich an und die Blicke sagen es eindeutig:

„Genau. das stimmt! Freizeit und Leben sind kostbar!"
Der Weg der beiden trennt sich für diesen Tag wieder.
Das frühe Abendprogramm im Fernsehen beginnt nun
bald. Das darf nicht verpasst werden!

Hodenhannes beobachtet seine Hoden genau. Ihm fällt
auf, dass sich viele so verhalten wie der Hodenmann
und der andere Hodentyp.
„Das Problem. Es ist bekannt.
Freizeit wird so oft verbrannt!
So wie die Hoden machens viele gleich.
An Ideen arm, an Verschwendung reich.

Statt seiner selbst mal zu erkunden,
drehen sie einfach ihre Runden.
Die gleichen Runden, Tag für Tag.
Ablenkung und Verblödung – viel zu stark.

Die freie Zeit irgendwie mal nutzen!
Doch lieber das Gehirn verschmutzen.
Freunde treffen und Leben genießen!
Doch lieber seine Zeit vergießen.

So dümpeln die nun vor sich hin.
So macht das hier doch keinen Sinn!
Am Ende dann schauen sie sich um:
Mein Leben! Was ich tat war dumm.
Doch da am Ende wär es zu spät.
Weil das Leben schnell vergeht!"

HODENHANNES IST GEFRAGT!

Das beschäftigt Hodenhannes schon sehr. Jetzt stellt er sich nämlich eine wichtige Frage: „Sind die Hoden vorher besser dran gewesen?"
Da hatten sie wenigsten eine Aufgabe. Auch wenn es nur das Dienertun gewesen ist. Es war eine Aufgabe. Was jetzt passiert ist doch nur warten auf den Tod.

„ Wenn jemand nun nicht weiß wo hin.
Wie gibt man ihm denn wieder Sinn?
Ist es dann gut wenn er nur dient?
Ein anderer seinen Weg schient?
Wenn jemand selbst nicht wirklich weiß:
„ Wo lang geh ich, auf welchem Gleis? "

Sollt er dann Handlanger sein
und sich so sein Sinn verleihn?
Ein andrer diktiert da den Weg.
Besser als wenn alles steht.

So gibts zu tun, das Tag für Tag.
Man macht zwar was ein andrer mag.
Aber man macht! Der Unterschied.
Eben nur für so ein Glied.

Nein! Ein Fehler ist es so zu denken.
Seinen Willen zu beschränken.

Jeder muss es selbst bestimmen,
muss sich auf Stärke nur besinnen.

Die eigenen Intressen wahren.
Und nicht nur über andre klagen.
Nur so kann ein Leben sinnvoll sein.
Es kann sich selbst ein Sinn verleihn. "

Hodenhannes weiß, dass er noch einen weiten Weg vor sich hat. Den Hoden wurde immer gesagt was sie zu tun haben. Hodenhannes ging es einst nicht anders. Wie er damals bekamen auch sie immer Aufgaben diktiert und hatten somit zu tun. Zeit, in jener es nichts zu tun gab, war somit recht rar. Sie mussten sich nie Gedanken über eine Freizeitbeschäftigung machen.

Es ist wie in so mancher Ehe. Wohlgemerkt: manche(!) Ehe. Da gibt es solche Paare. Da diktiert ein Partner immer was gemacht wird. In welchen Urlaub es geht, welches Restaurant besucht werden soll und was in der gemeinsamen Zeit für diverse Unternehmungen statt-finden.

Irgendwann gibt der andere Partner auf. Er gewöhnt sich eben an diese Situation. Es hat eh keinen Sinn. Die eigenen Ideen spielen sowieso keine Rolle. Und so trottelt er gefügig hinterher und verlernt vollkommen eigene Impulse zu setzen.

Warum auch? Es ist ja sowieso alles Mist.

So geht es auch den Hoden. Sie haben verlernt sich Gedanken zu machen. Stattdessen verkümmern sie vor dem Fernseher und verblöden noch mehr. Verlernen komplett ihren eigenen Geist zu benutzen.

Doch Hodenhannes kann das nicht akzeptieren. Sie sind nicht so weit gegangen um nun so trostlos zu enden. Doch was kann er tun? Wie animiert er die Hoden wieder aktiv zu werden? Sich zu treffen und ihr Leben in die Hand zu nehmen? Hodenhannes muss handeln.

Er organisiert Veranstaltungen und Projekte. Damit versucht er die Hoden zusammenzuführen.
„Natürlich! Es ist doch klar.
Die Möglichkeiten sind auch da.
Ich biete denen vieles an.
Dass jeder etwas tuen kann.

Wer gern spielt und Kräfte misst.
Gegner täuscht mit einer List.
Natürlich braucht der Mannschaftsport!
Das machen wir hier gleich vor Ort.

Andere, sie wolln was schaffen.
Wollen auf ihre Leistung gaffen.
Manche Hoden ticken so.
Die stehen halt auf diese Show.
Sie müssen irgendetwas bauen.
Als Team! Mit stabilem Vertrauen.

Dann gibt es auch noch edle Leut.
Deren Haltung nun fast jeder scheut.
Helfen gern! Selbstlos wolln sie sein.
Sie können sich so Glück verleihn.
Für diese ganz besondren Hoden
hab ich den richtigen Nährboden.
Das Waldgebiet ganz nah gelegen,
man muss es hüten und auch pflegen.
Es bedarf dann nur System.
Schon könn die ihrem Drang nach gehn. "

Hodenhannes ist einfach genial. Was er da tut ist natürlich erst einmal ein immenser Aufwand. Er hat sehr viel Arbeit damit. Aber der Weg ist richtig.
Ein paar der Hoden haben ihren Eigenantrieb noch nicht verloren. Zumindest nicht komplett. Sie können, allerdings benötigen sie trotzdem Anleitung, Hoden-hannes ganz gut unterstützen und zuarbeiten.

So gründet Hodenhannes zuerst einmal einen Verein. Natürlich widmet er sich dabei dem Fußball. Nicht alle Hoden mögen diesen Sport. Aber er findet noch immer den meisten Anklang. Die anderen werden sich dem sicherlich unterordnen.
Einer der Hodentypen hat früher in seiner Jugend leidenschaftlich gespielt. Er hat viel Ahnung von Training und Taktik. Ein straffer Zeitplan und gesunder Ehrgeiz schweißen die Gruppe zusammen. Bei ihm hat Hodenhannes keine Bedenken. Das wird laufen!

Dann überlegt Hodenhannes ein gemeinsames Projekt. Womit sich vielleicht auch etwas für die Gruppe verdienen lässt. Denn Geld muss schon rum kommen.

Er hat viele Hoden in seinem Bekanntenkreis. Handwerker, kreative Denker und gesunde kräftige Arbeiter. Natürlich muss er diese Stärken erst einmal wieder fördern. Aber das Potenzial ist vorhanden und die Facharbeiter sind zumindest verfügbar.
Die ewige Unterdrückung durch die Penisse hat selbst den besten Hoden zu einem leeren Sack gemacht. Doch Hodenhannes ist zuversichtlich. Das baut sich schnell wieder auf wenn erst einmal der Anfang gelegt ist.
Nach langen taktischen Gesprächen kommt die erleuchtende Idee. Eine Marktlücke haben sie quasi entdeckt. Sie wollen Shirts bedrucken und im Internet verkaufen. Hm... so neu ist das zwar nicht. Aber gut aufgebaut und organisiert kann man da schon was auf die Beine stellen. Die Idee muss eben nur herausstechen und wirklich besonders sein. Im ersten Schritt müssen sich die Hoden jetzt koordinieren und die Aufgaben sinnvoll verteilen.
So kümmern sich welche um die Rohlinge. Andere den Aufdruck und wieder andere um Lizenzfragen. Transport, Lieferanten und solche Dinge. Da kommt schon einiges zusammen. Aber bis auf Zeit und etwas Geld muss erst einmal nicht so viel investiert werden. Und das Engagement ist wirklich riesig.

Nachdem die Produktion und die Aufgaben erst einmal verteilt sind kümmert sich Hodenhannes nun um die anderen Hoden.

Die Charaktertypen die gern Gutes tun. Er gibt ihnen Bezugsquellen, Bücher und Kontakte damit diese sich organisieren können. Sie wollen Wildtiere im Wald mit Futter versorgen und verletzte Tiere wieder aufbauen. Daneben möchten sie sich um den Wald kümmern. Diesen Lebensraum der Tiere erhalten und pflegen.

Die Idee ist erst einmal sehr nobel. Aber die Umsetzung nicht einfach. Hier muss man Genehmigungen einholen, sich besonderes Wissen aneignen und Geduld mitbringen. Und zu Beginn ist es wirklich undankbar. Die Hoden fühlen sich bei jeder Behörde, bei jedem Versuch etwas zu besorgen wie ab gewatscht.

„Wer kümmert sich schon um so etwas!" wird ihnen sogar entgegnet. Doch das schweißt die Gruppe noch mehr zusammen. Sie wissen, dass es richtig ist was sie tun. Es dauert nicht lange und Hodenhannes muss sich kaum noch um diese Hoden kümmern. Sie lernen sich selbst zu helfen. Eins haben sie schnell verstanden. Für solche mitfühlenden Hoden gibt es kaum Platz. Keine Anlaufstelle um diese Tätigkeit zu strukturieren. Keine Beratungen um etwas „Know how" zu bekommen. Wahrscheinlich ist die Nachfrage nach solchen Beschäftigungen derart gering, dass sich so eine Unterstützung nicht lohnen würde.

Doch die Hoden sprühen besonders vor Ehrgeiz und gehen trotzdem ihren Weg.

UND DIE PENISSE?

Während die Hoden so langsam zu einer Funktion, zu einer Rolle in der Gemeinschaft, finden, sind die Penisse noch etwas konsterniert. Sie wurden im Stich gelassen. Jeder auf eine eigene besondere Art und Weise.
Egal wie es geschehen ist. Egal welche Rolle der Hoden in dem jeweiligen Leben des Schwanzes spielte, eines haben alle gemeinsam. Die Hoden haben sie nicht nur hängen lassen. Nein! Sie ließen sie richtig auflaufen! Sodass sie sich ziemlich gedemütigt fühlten und fühlen.

So etwas haben die Penisse noch nicht erlebt. Eigentlich liegt ihnen die Welt, zumindest die kleinen Säcke in dieser Welt, zu Füßen. Da gab es nie Probleme. Manchmal mussten die Penisse etwas Raffinesse zeigen weil die Hoden zu intelligent wurden. Aber das war eher selten und nicht mit diesem Aufstand jetzt zu vergleichen.

Für die Penisse brach eine Welt zusammen. Das zeigen die Aussagen von einigen ganz deutlich:
„Ich, ein großer Penistyp. Ohne Sack?! Ich habe seit dem kein einziges Weib mehr bekommen. Ich bin vollkommen leer. Bekomm nichts mehr auf die Reihe! Was ist denn das für ein Dasein?"

„Tja! Ich muss alles selbst machen! Auto waschen und meine Wohnung putzen. Ich weiß nicht wie das funktionieren soll. Mir fehlen meine Eier jetzt schon!"

„Hört zu! Von uns Schwanzköpfen bin ich wirklich der wenig schönerer. Etwas bucklig und krumm. Wahrlich kein attraktiver Hingucker. Neben diesem Sack sah ich trotzdem sehr gut aus! Das hat mir geholfen. Und nun? Mich schaut ja überhaupt keine Frau mehr an! Das sind Probleme!"

Penispeter hört sich das alles genau an. Er ist noch der Eheste der hier versucht etwas zu machen.

„Was seid ihr für jämmerliche Schwänze? Lasst uns handeln und schauen wie wir das wieder gerade biegen! Es kann doch kein Zufall sein, dass genau jetzt jedem Schwanz das gleiche passiert. Da steckt doch etwas dahinter. Das müssen wir rausfinden und unschädlich machen!"

Penispeter steckt nicht den Kopf in den Sand. Er will handeln! Er gehört noch zu den wenigen Schwänzen mit unabhängigem Selbstvertrauen. Auch er braucht seine Eier, sonst fehlt ihm der Mut. Aber er ist ehrgeizig genug sich um diese zu kümmern wenn es mal nicht läuft.

Penispeter geht nachdenklich durch die Straßen. Er versucht etwas unscheinbar zu wirken. Aber seine Größe macht es ihm nicht leicht. Der fällt schon auf. Er sieht einige Hoden und macht sich so seine Gedanken.

„Die wirken richtig ausgeglichen und scheinen sehr beschäftigt. Was machen diese Typen denn nur?
Hm…Die da gehen scheinbar zu irgendeinem Sport. Was soll denn das!?
Und was treiben die dort? Beide im Anzug. Richtig seriös sieht das aus.
Da ist Hodenhannes! Er schaut auch so glücklich aus. Diese Säcke ohne Schwanz? Das ist doch Unfug. Wie können die sich denn noch einen Sinn geben? "

Penispeter ist verwundert. Die Hoden scheinen sich selbst zu beschäftigen.
Sie sind nicht mehr die gewohnten Diener ohne eigene Ideen. Ganz im Gegenteil!

Was da geschieht hat tatsächlich Hand und Fuß.
„Das wirkt alles richtig organisiert. Jeder hat eine Aufgabe und diese scheint ihm auch noch Spaß zu machen!
Und sie machen das für sich! Kein Wunder, dass die nicht mehr zu uns wollen. Die haben tatsächlich entdeckt, dass es schöner ist im eigenen Interesse zu handeln anstatt zu dienen. Schöne Scheiße ist das! Wie bekommen wir die da nur wieder raus?
Und dann noch diese Typen dort. Was machen die im Wald? Die pflegen die Bäume und lassen Futter für Tiere dort? Was soll denn das bringen? "

Kurz darauf fahren zwei Hoden im Auto vorbei. Sie hätten Penispeter fast überrollt! Penispeter kann einen flüchtigen Blick ins Auto werfen. Ein verletztes Tier, ein Hase oder so etwas, liegt auf dem Rücksitz. Das versteht er überhaupt nicht.

„Die halten beim Tierarzt! Das kostet jede Menge Geld. Was läuft denn hier ab?

Jetzt kommt auch noch dieser Hodenhannes zu denen. Was macht der da? So etwas Aberwitziges. Er gibt denen Geld! Jetzt gehen noch andere Hoden hin. Die geben auch Geld!? Was soll denn das?"

Das ist nicht die Welt des Penispeter. Die helfen nur für das Wort: „Danke". Das kann er nicht verstehen. So etwas hat er seinem Hodenhannes damals nicht beigebracht.

„Ich habe genug gesehen! Was auch immer die hier abziehen. Hodenhannes hat seine Hände da im Spiel. Immer ist der vor Ort und der grinst am blödesten von denen. Und alle scheinen seine Nähe zu suchen.

Ich werde das mit den anderen Penissen bereden. Die Hoden werden sich noch umschauen!"

Penispeter geht zu seinen eierlosen Penissen zurück. Er wirkt geknickt. Aber er hat auch einen Einblick in das Geschehen bekommen. Hodenhannes scheint die Ursache zu sein... und auch die Lösung des Problems.

DIE GROßE LIST

Penispeter ruft seine Freunde zusammen. Es wird Zeit das Problem anzugehen.

„Meine lieben Freunde!
Ihr habt die letzten Tage und Wochen schlimme Dinge erfahren. Eure Hoden haben euch im Stich gelassen. Bloßstellung habt ihr teilweise sogar hinnehmen müssen! Und warum? Weil ihr den Hoden einen Sinn im Leben gegeben habt. Sie erhielten eine Aufgabe durch euch!
Und so haben sie es euch gedankt!?
Ich habe sie beobachtet. Ich habe gehofft, dass sie in Untätigkeit verkümmern und so irgendwann zu uns zurück kommen werden. Aber ich habe mich geirrt! Sie sind beschäftigt. Sie organisieren sich. Sie haben Aufgaben und sind glücklich dabei. Wir können das nicht aussitzen! Wir müssen dringend etwas unternehmen!"

Die anderen Penisse scheinen auch überrascht zu sein. Kaum einer hätte seinem Sack zugetraut, dass dieser sich um andere Aufgaben kümmert und sich selbst einen Sinn gibt. Die Verunsicherung unter den Penissen ist groß. Sie erkennen, dass die Hoden nicht mehr auf sie angewiesen sind.

So auch Karl von Schwanz.

„Ja. Ich habe meinen Hoden immer wieder gelobt. Ich habe versucht ihn gut zu behandeln. Aber trotzdem! Er hat sich abgewendet. Er hat nie Eigenantrieb und Selbstverantwortung gezeigt. Auf einmal soll er damit anfangen? Ich kann es schwer glauben."

Die Schwänze bereden und philosophieren über eine Lösung. Dann findet Penispeter den richtigen, zumindest für die Penisse richtigen, Ansatz.

„Ich habe genau beobachtet wie die ticken. Hodenhannes scheint überall seine Finger im Spiel zu haben. Er ist es! Er hilft den Hoden mit ihrer Unabhängigkeit!"

Einem der Schwänze leuchtet es noch immer nicht ein.

„Wie soll denn ein Hoden die ganzen anderen Säcke beschäftigen? Da muss er sich doch um jeden kümmern. Die Erklärung ist zu einfach!"

Penispeter erläutert weiter. Bis es auch der letzte Schwanz begreift.

„Er hat ihnen wahrscheinlich nur den Weg gegeben. Er ist nicht immer mit dabei. Ein Anstoß in die entsprechende Richtung, das Wecken von Elan und Zuversicht. Und das Gefühl der Selbstbestimmung. Da muss Hodenhannes nicht mehr viel machen. Die Hoden sind motivierter als sie es jemals gewesen sind.

Aber so ganz ohne Hodenhannes geht es eben auch nicht. Er scheint ihnen mit Rat und Tat zur Seite zu stehen. Und genau dort setzen wir an!"

Penispeter möchte Hodenhannes in die Dienste der Penisse stellen. Ihn bestechen oder ihn kaufen. Wenn Hodenhannes erst einmal die Befriedigung durch Reichtum erkennt, dann wird er sein Engagement über den Haufen werfen. So denkt Penispeter. Das hat bis jetzt auch immer geklappt, denn jeder ist käuflich. Die Frage ist nur der Preis.

Doch Karl von Schwanz kennt Hodenhannes ebenfalls. Er hat bedenken.
„Hodenhannes ist ein spezieller Fall. Wenn wir ihn direkt kontaktieren und vor die Wahl stellen besteht die Gefahr, dass er ablehnt oder hoch pokert. Natürlich wäre er schon käuflich, eben so wie jeder andere auch. Moral ist immer eine Frage des Preises.
Aber vielleicht haben wir auch die Möglichkeit eines sichereren Weges. Eine Variante bei welcher wir auch nicht so viel investieren müssen und er uns ganz sicher dient!"

Penispeter ist schon neugierig. Er wollte Hodenhannes einfach eine Summe an Geld aufdrücken und fertig. Er würde nicht jede Summe ablehnen. Doch Hodenhannes ist nicht blöd. Er könnte schnell seine Rolle und die Macht erkennen und sicherlich viel fordern.

Karl von Schwanz erklärt seine Einwände und hat eine Lösung.

„Das Problem dabei ist, dass er eventuell sein Ansehen vor den Hoden verliert wenn wir ihn schmieren. Deswegen wäre das sehr sehr teuer.

Stattdessen geben wir ihm Erfolg! Er denkt er hat es sich allein erarbeitet. Wir lassen ihn ein Auto gewinnen, er macht doch immer diese Gewinnspiele mit.

Ich habe außerdem Kontakte zu seiner Arbeit. Ich weiß einige Dinge über den Chef...der erfüllt mir schon meine Forderungen.

Und wir setzen paar schicke Weiber auf ihn an. Sodass er sich begehrt fühlt. Das zieht immer!"

Penispeter sieht noch nicht ganz den Sinn in der Sache. Die anderen Hoden werden ihn noch mehr bewundern und zu ihm aufschauen. Er wird so noch mehr zum Helden.

Karl von Schwanz lächelt und entgegnet:
„Genau das soll passieren. Er wird sich in seinem Ruhm so wohl fühlen, dass er ihn nicht mehr missen möchte.

Natürlich besitzt er dann viele Dinge die er nicht braucht. Aber wenn er sie einmal hat, dann wird er sie brauchen. So ist das immer!

Die Gier und das Verlangen nach Bestätigung sind doch bei jedem vorhanden. Und er wird denken, dass er sich das alles selbst erarbeitet hat. Mit Glück und Fleiß ist er dazu gekommen. Das macht ihn zufrieden und die anderen werden ihn noch mehr vergöttern. Er wird sich daran gewöhnen und es nicht mehr missen wollen!"

Penispeter versteht jetzt ganz genau.
„Und dann kommen wir auf den Plan. Wir stellen ihn vor die Wahl. Seine Erfolge und Errungenschaften können wir ihm wieder weg nehmen. Wenn wir es wünschen! Dann frisst er uns aus der Hand! Denn auf einmal würde sein Ansehen so tief fallen, dass er vielleicht sogar als Vorbild geschwächt wird!
Das kann er nicht riskieren. Und er will seinen neuen Lebensstandard sicherlich nicht wieder aufgeben."

Die Penisse feiern und sind stolz auf ihre List. Der Plan kann nicht schiefgehen. Sie werden Hodenhannes groß machen und haben so die Macht ihn wieder fallen zu lassen. Das könnte die ganze Gruppe der Hoden ins Chaos stürzen. Entweder gehorcht Hodenhannes den Weisungen der Schwänze und führt die Hoden wie sie es wünschen. Oder sie würden ihm alles wieder weg nehmen. Dann verliert er Ansehen und Bewunderung. Und die Hoden ihren Halt.
Hodenhannes könnte sich nur dagegen schützen indem er von Beginn an diese Erfolge ablehnt. Es gleich erkennt, dass da etwas faul ist. Oder dass er sich aus solchen Erfolgen von Beginn an nichts macht. Sie als marginal betrachtet. Doch ist er so einer List gewachsen? Die Penisse sehen da zumindest kaum eine Gefahr. Denn Mensch bleibt Mensch!

ES GEHT LOS

Natürlich müssen die Erfolge und Errungenschaften für Hodenhannes schrittweise kommen. Und er muss das Gefühl haben, dass er wirklich viel dafür gemacht hat. Nur so wird er diese Dinge als noch besonderer wertschätzen...und so noch mehr tun um diese nicht wieder zu verlieren.

Es ist früh am Montag. Hodenhannes macht sich für die Arbeit fertig. Er ist nicht wirklich erholt. Das Wochenende zuvor hatte er viel zu tun. Er muss für die anderen Hoden immer da sein, auch wenn er mehr eine unterstützende Rolle ausführt.

Er fährt zur Arbeit und beginnt seine normalen Aufgaben. Nichts ahnend wird er plötzlich ins Büro zitiert.

Sein Chef möchte einiges mit Hodenhannes bereden.

„Hodenhannes! Mir fällt schon seit langem ihre gute Arbeit auf. Sie gehören zu den Mitarbeitern die uns nach vorn bringen. Fast immer leisten sie mehr als gefordert wird. Auch ihren Kollegen ist das schon aufgefallen.

Zudem mag ich ihre vorbildliche Wirkung. Die anderen nehmen sich ein Beispiel an ihnen. Gut gelaunt und zuverlässig. Sie sind eine Bereicherung für das Team!"

Hodenhannes ist sehr positiv überrascht. Schließlich hat er durch seinen Lebensumbruch die Arbeit eher schleifen lassen. So dachte er zumindest.

„Dass sie das sehen ehrt mich sehr.
Auf Arbeit geb ich immer mehr!
Die Arbeit! Sie ist nun mal wichtig.
Darum arbeite ich richtig.
Ich fühl mich wohl. Es macht mir Spaß!
Dinge, die ich nie vergaß.
Ich strebe gern und lang nach oben.
Schön, dass sie mich dafür loben!"

„Hodenhannes. Setzen sie sich hin. Das hier ist weit mehr als nur ein Lob. Ich möchte ihnen eine Aufstockung geben und mehr Verantwortung! Das haben sie sich erarbeitet. Ich habe lange überlegt wen ich für die neue Stelle als Teilbereichsleiterassistent einsetze. Ihr Ehrgeiz und ihr tolles Auftreten haben mich überzeugt.
Es sind ihre Mühen sich immer wieder Wissen anzueignen und sich weiter zu verbessern. Das soll hiermit belohnt werden. Demnächst erfahren sie Genaueres!"

„Was sie da sagen. Es macht mich froh.
Und das sage ich jetzt nicht nur so.
Ich werde alles daran setzen
ihr Vertrauen nicht zu verletzen.
Ich werde noch viel besser sein.
Weil sie mir so viel Kraft verleihn!"

Hodenhannes ist glücklich und stolz über diese tolle Nachricht. Er geht zurück an seinen Arbeitsplatz. Mit einem breiten Grinsen erledigt er seine Aufgaben besser als je zuvor. Er arbeitet sogar die Pause durch.

„Jetzt muss ich wirklich tüchtig sein.
Bald bin ich Chef in dem Verein.
Sie werden mich genau betrachten.
Ab jetzt muss ich sehr auf mich achten. "

Hodenhannes' Arbeitstag ist nun vorbei und er geht zum Fußballverein der Hoden. Schon seit langem sieht der Rasen dort richtig schlecht aus. Viele Hoden haben sich schon die Beine darauf verknackst. Aber ein neuer Rasen ist richtig teuer. Und die Stadt genehmigt das Geld dafür nicht.

Im Verein gibt es auch einen Hodenmann der für bürokratische Sachen zuständig ist. Alle nennen ihn den Verwaltungshoden. Er ärgert sich schon seit einiger Zeit mit der Stadt herum.

Doch heute ist ein großer Tag! Zumindest könnte es einer werden. Denn er hat eine Einladung bekommen und darf vorsprechen. Sozusagen um sein Anliegen werben.

Hodenhannes freut sich über diese neue Information. Allerdings ist er vorsichtig. Denn das bedeutet noch lange keine Zusage.

Hodenhannes geht nach Hause und denkt an diesen Termin. Er ist sehr wichtig. Was soll der Verwaltungshoden sagen? Was wird gefragt?

Es ist der nächste Morgen. Hodenhannes schaut in seinen Email-Account.

Er traut seinen Augen nicht.
„Was seh ich da! Das glaub ich nicht!
-Nochmal die Augen lang gewischt.-
Tatsächlich! Da stehts schwarz auf weiß.
Eine große Bestellung zum teuren Preis.

Die Shirts der Hoden wurden viel bestellt.
Zu einer Menge die das Herz erhellt!
Das Ziel fürs Jahr ist schon erfüllt.
Die Kasse vollkomm überquillt!
Zu rechnen war damit wohl nicht.
Doch Tüchtigkeit auch Erfolg verspricht!"

Hodenhannes geht gleich zu seinen Projekthoden und erzählt die neue Nachricht. Die Werbung hat gefruchtet! Das Produkt ist toll! Die Arbeit hat sich gelohnt.
„Meine Lieben! Lasst euch sagen.
Wir können alles, müssens nur wagen.
Was wir hier so schnell geschafft.
Mit Fleiß und Ehrgeiz. Und viel Kraft.
Das alles haben wir erreicht!
Der Erfolg wie einem Traum so gleicht."

Die Hoden wissen nun: Sie können alles erreichen. Nur Mut und Eigenantrieb müssen sie haben. Und Hodenhannes hat es schon immer gesagt.

Sie sind ihm so dankbar. Allein hätten sie nie den Mut gehabt so ein Projekt anzugehen. Zudem fehlte ihnen auch die Zeit. Sie waren ja immer mit ihrem Schwanz beschäftigt.

Es vergehen einige Tage. Hodenhannes ist noch immer sehr stolz.

Seine Wirkung auf die anderen hat sich geändert. Er ist nicht mehr nur der tolle Motivator und Rebell. Nein! Er hat jetzt auch dieses gewisse Vertrauen, dass er weiß was er macht. Er wirkt seriös und belesen.

Er kommt wieder zum Verein und der Verwaltungshoden rennt ihn fast um.

„Hodenhannes! Ich war bei der Stadt! Der neue Rasen! Alles genehmigt! Wir bekommen das Ding. Ich war sehr überzeugend haben die gesagt. Endlich mal ein Fußballer mit Hirn der sich ausdrücken kann.

Die waren so begeistert von mir! Ich muss gestehen. Ich habe mich danach sogar mit der Bearbeiterin getroffen. Sie war so angetan von meinem Auftreten, dass wir gleich im Bett gelandet sind.

Das habe ich dir zu verdanken. Früher hätte ich nie gedacht, dass ich so etwas bewegen kann. Dass ich überhaupt etwas erreichen kann. Du hast mir das Gegenteil gezeigt. Dafür möchte ich dir danken."

Hodenhannes ist gerührt über diese Worte. Sie sind eine Erfüllung. Solche Momente sind es die ihn bestätigen in dem was er tut.

Hodenhannes geht spazieren und ist voller Freude. Voller Glück über die ganzen Erfolge. Der neue Rasen, der neue Job und schließlich der Erfolg der Firma.

Er trifft die Hoden in der Natur. Die Hoden, welche sich der Tierpflege und dem Erhalt der Schönheit ihres Waldes verschrieben haben.

„Hodenhannes. Schön dich zu treffen. Es ist wundervoll hier. Die Tiere haben schon richtiges Vertrauen zu uns. Und weißt du noch? Wir haben eines zum Tierarzt gebracht. Glücklich und zufrieden konnten wir es gestern wieder in die Natur entlassen. Und ich habe es genau gesehen. Es hat uns dankbar angeschaut. Es hatte Liebe im Gesicht und hat sich einfach wohl gefühlt. Danke, dass du uns hierzu ermutigt hast!"

„Gern ist dieses doch geschehn.
Die Freude in den Augen. Ich kann sie sehn.
Euer Glück! Es ist so echt.
Ihr erfahrt es nur zu recht."

Da ist Hodenhannes gleich nochmals voller Glück über diesen Erfolg. Aber? Was ist hier genau der Erfolg? Dankbarkeit durch Lebewesen die Hilfe benötigen. Diese Gruppe von Hoden wirkte besonders erfüllt.

DAS BÖSE ERWACHEN

Es ist Wochenende und Hodenhannes möchte, dass alle Hoden voneinander erfahren. Sie sollen wissen, dass alle Hoden erfolgreich ihren Zielen nachgehen. Das wird die Gruppe und die Rebellion noch mehr bestärken.

Somit organisiert er für eine Woche später eine große Veranstaltung nur für die Hoden. Schön mit Getränken, Musik und viel Spaß werden die Hoden ihre Unabhängigkeit feiern. Und nebenbei natürlich auch auf die Beförderung von Hodenhannes anstoßen.

Die Woche vergeht. Die Hoden sind voller Euphorie und freuen sich schon riesig auf diese Party. Hodenhannes hat sich voll ins Zeug gelegt. Die Hoden sind untereinander auch sehr gut organisiert. So sorgen ein Teil für die Getränke und ein anderer für die Technik. Eine Hand wäscht die andere, so halten die Hoden zusammen.

Zur Begrüßung wird Hodenhannes einige Worte sagen. „Meine Hoden! Schaut euch an.
Sagt mir! Was seht ihr dann?

Einen Sack der nichts kann?
Oder ein gestandnen Mann?
Ein Opfer und geplagt vom Leben?
Oder Erfolg in seinem Bestreben?

Ich sag euch was ihr stehen seht!
Stolz der niemals mehr vergeht!
In kurzer Zeit so viel geschaffen.
Die Penisse könn nur blöd gaffen!
Egal was ihr auch nur angeht.
Erfolg euch stets zur Seite steht.
Ob im Verein oder im Spiel.
In der Fabrik, ihr schafft so viel.

Am Ende seid ihr auch noch nicht.
Das Beste ist nicht mal in Sicht!
Am Anfang steht ihr gerade noch.
Ihr krabbelt jetzt erst aus dem Loch.
Was denkt ihr wo ihr später steht?
Wenn das alles so weiter geht.

Ich sag es euch mit Zuversicht:
Am Ende des Tunnels! - Großes Licht!
Haltet stetig eure Spur!
Erfolg ist nun eure Natur."

Der Applaus ist grenzenlos. Die Hoden sind glücklich
und wissen um ihre Stärke. Sie haben so viel erreicht
mit nur ein wenig Unterstützung. Das Selbstvertrauen
ist nicht zu bremsen.
Sie feiern bis in die Nacht und den nächsten Tag hinein.
Trotz der gelockerten Stimmung läuft alles gesittet ab.

Keine Rangelein oder grober Umgang untereinander. Mit Respekt behandeln sich die Hoden.

Sie wissen, dass ihr Erfolg auch voneinander abhängt. Keiner steht über dem anderen. Alle sind gleich wichtig. Denn der Beitrag eines jeden ist auch für jeden essenziell.
Die Nacht neigt sich dem Ende und alle gehen nach Hause. Hodenhannes ist erst am nächsten Morgen in seinem Bett. So lange hat er schon ewig nicht mehr gefeiert. Sein Kopf tut weh und die Augen sind ganz klein. Aber so langsam findet er in den Schlaf.

Es ist direkt am folgenden Tag, so ungefähr gegen Mittag, da klingelt sein Handy.
„Hallo Hodenhannes. Wir treffen uns in zwei Stunden an der Kreuzung vor deiner Wohnung. Wenn du da bist wirst du mich erkennen."

Ehe Hodenhannes etwas sagen kann ist die Verbindung schon beendet.
„ *Wer war das nur? Hab ich geträumt?*
Hab ich irgendwas versäumt?
So komisch rief mich noch keiner an.
Da ist sicher was Faules dran!
Ich gehe dann natürlich hin.
Vielleicht ergibt es dadurch Sinn. "

Hodenhannes ist aufgeregt und wartet die Zeit ab. Sein Kopf wird langsam klarer und er kann wieder halbwegs strukturiert denken. Die Zeit naht und Hodenhannes geht zur Kreuzung.

Er wartet und schaut sich um. Etwa fünf Minuten später sieht er jemand die Straße rauf kommen. Es ist ein alter Bekannter: Penispeter.

Hodenhannes wirkt perplex. Aber er ist auch selbstbewusst, denn er hat mit seinen Hoden Erfolg. Und das kann ihm keiner nehmen. Im schlimmsten Fall kann ihn Penispeter beleidigen und irgendwie stumpf drohen. Im besten Fall bettelt Penispeter um Freundschaft. Eine Situation die sich Hodenhannes ins geheim ja so sehr wünscht. Er will ihn liebend gern noch einmal so richtig abservieren.

Penispeter stellt sich vor Hodenhannes hin. Sein Gesichtsausdruck wirkt extrem selbstsicher und irgendwie erhaben. Das verunsichert Hodenhannes schon etwas.

Penispeter kommt gleich auf den Punkt:
„Du bist erfolgreich, richtig? Neuer Job. Euer Verein läuft gut. Und die Firma erst! Wirklich sensationell. Ihr fühlt euch toll! Oder?"

„Natürlich! Ihr habt das nie gedacht!
Dass ein Hoden Erfolgreiches macht.
Doch ihr seht es ganz genau.
Wir brauchen euch nicht. Denn wir sind schlau!"

„Eh du weiter spinnst. Hör zu! Es war ein Montag, richtig? Deine Beförderung und die Einladung zum Gespräch wegen eurem kleinen unbedeutenden Rasen. Und der Dienstag danach! Eine Bestellung bei eurem Lumpenladen. So viel wurde noch nie geordert. Richtig?

Das hat euch Auftrieb gegeben. Es gab euch Kraft und Selbstvertrauen. Darauf habt ihr jetzt alles aufgebaut, richtig? Es ist euer Motor!

Geb jetzt acht! Es braucht nur einen Tag und ein paar Anrufe und alles ist wieder weg! Du verlierst deine Beförderung. Die Bestellung wird euch als Retour überhaupt nichts bringen. Und euer Rasen... Pah! Ihr werdet weiter auf dem Ackerplatz bleiben.

Das waren alles wir! Hörst du? Nichts davon ist real!"

Hodenhannes ist gebrochen. Er muss sich setzen. Nur gut, dass die anderen Hoden noch alle im Bett liegen und das keiner sieht. Gleich zwei Dinge machen ihm zu schaffen. Sein persönlicher Erfolg und das neue viele Geld. Alles futsch!? Alles weg. Keiner würde ihn mehr bewundern.

Damit könnte er vielleicht noch leben. Aber die anderen Hoden verlieren so ihr Vorbild! Hodenhannes ist sehr gewachsen in den Köpfen seines Gefolges, dass jetzt ein Fallen ungeahnte Folgen hätte. Es würde die Hoden vielleicht sogar vollkommen entmutigen.

„Ihr habt uns mit Erfolg gelockt.
Habt unsre Erwartung hoch gestockt.
Blind haben wir das geglaubt
und uns so der Freiheit klar beraubt.
Das Geld! Der Rasen! War es wichtig?
Vorher war es null und nichtig.
Doch einmal gehabt, wie freut man sich.
Ohne dem geht es dann nich.

Je mehr man hat, und das ist wahr.
Steigt die Abhängigkeit so klar.
Dinge waren einst so fern.
Jetzt sind sie der hellste Stern.

Den Hoden dieses jetzt zu nehmen.
Sie alle einen Schock bekämen.
Der Erfolg der letzten Zeit
wär mit einem Ruck so komplett breit.
Die Gruppe wäre tief zerstört.
Darum habt ihr uns genährt.
Einen Ausweg seh ich kaum.
Wie sollt ich das wieder aufbaun?

Und erst was ich hab! Alles weg?
Beginne wieder unten im Dreck?
Muss ich mir das echt antun?
Ich möchte mich auch mal ausruhn.
Penispeter! Sag es mir.
Warum das alles? Was wollt ihr?“

DER NÄCHSTE SCHRITT DES HODENHANNES.

„Hodenhannes! Wir wissen, dass die dich vergöttern. Und wir bieten dir noch mehr Ruhm an. Du darfst dich hin und wieder auf unsere Kosten feiern lassen. Richtig! Du wirst Chancen haben einen Schwanz zu beugen.

Das hat natürlich seinen Preis! Du machst was wir sagen. Natürlich verdeckt. Keine Angst. Du verlierst dein Ansehen nicht. Aber du wirst den Hoden eine Richtung geben die wir von dir fordern. Überleg es dir. Andernfalls fangt ihr morgen alle wieder von unten an. Und du wirst nie wieder dort stehen wo du jetzt stehst. Und obendrein. Unsere Bestellung. Du wirst so viele schlechte Bewertungen bekommen, dass euch nie wieder jemand anklickt. Das verspreche ich dir!
Du kannst dir das alles ersparen. Beuge dich uns!"

Jetzt läuft er dahin der Hodenhannes. Allein zieht er seine Spur durch die Straßen. Sein Blick zum Boden gesenkt. Sein Gesicht, es zeigt Leere und Kapitulation. Eine ausweglose Situation.
„Haben sie es so geschafft?
Uns mit dem Trick so abgestraft?
Ich fasse es nicht. Die Illusion.
Der Erfolg! Ich auf dem Thron.

Die Hoden! Dieser Stolz! So schön.
Wenn sie's erfahrn wird er weg gehen.
Noch schlimmer! Sie werden gebrochen!
Mitten in das Herz gestochen.
Die Blase platzt. Das Weltbild auch.
Sie wären ein blattleere Strauch.

Ists das wert? War es das schon?
Ist die Trauer dann der Lohn?
Antun kann ichs den Hoden nicht.
Es löscht ihr ganzes Lebenslicht.
Alles woran sie gerade glauben.
Ich würde es ihnen so rauben.

Und auch in meinem Interesse!
Ich bekomm ja auf die Fresse!
Der Job wär futsch und was ich bin.
Alles wäre einfach hin.

Ich werd es tun! Ja klar, ich muss.
Sonst wäre an der Stelle Schluss.
Ich spiele hier jetzt erstmal mit
und überleg den nächsten Schritt!"

Hodenhannes hat sich entschieden. Es dauert nicht lang und er bekommt sogleich die erste Weisung, durch einen Schwanz.
„Pass auf Hodenhannes! Die Hoden sollen den ersten Schritt wieder auf die Penisse zugehen. Den Kontakt

suchen und Hilfe anbieten! Wir brauchen ihre Dienste wieder. Los!"

Mit dieser Forderung gehen die Penisse gleich mit voller Front voran. Hodenhannes wird es den Hoden verklickern müssen. Nebenbei hat er auf Arbeit noch eine Bonuszahlung bekommen. So als kleiner Anreiz für seine neue Aufgabe.

Er schickt allen Hoden eine Email. Persönlich in einer Ansprache traut er sich nicht dieses zu verkünden. So ist es eben einfacher.
„Liebe Hoden. Hört mich an.
Wir sind Ehrenmänner! Denkt daran!
Wir sind nicht wie die Schwänze sind.
So gemein und vor Hass blind.

Darum bitte ich euch nun,
lasst die Rebellion mal ruhn.
Geht zu den Schwänzen! Redet zu.
Sprecht ganz sachlich und mit Ruh.

Sagt ihnen dass ihr helfen wollt.
Aus freien Stücken, nicht weil ihrs sollt.
Ihr fragt euch sicher und mit Recht:
Meint der Hodenhannes das jetzt echt?

Ja! Denn friedlich! - Das sind wir.
Und das vertreten wir auch hier.

Sendet das Zeichen und ihr werdet sehn:
Die Feindschaft wird sogleich vergehn."

Die Hoden sind sichtlich verwirrt. Aber Hodenhannes ist nun mal ihr Idol. Und was er sagt hatte bis jetzt immer gefruchtet und es wird weiter fruchten. Da sind sich alle einig.
In den folgenden Tagen bahnt sich ein altes Bild an. Die Hoden gehen mit den Penissen durch die Straßen. Zwar etwas widerwillig. Nicht mehr so beugsam. Aber es richtet sich alles nach den Penissen.

Einige Hoden sind damit sehr unzufrieden. Eigentlich sind alle Hoden damit unzufrieden. Aber nur manche Hoden gehen tatsächlich auf die Barrikaden. Hodenhannes muss beruhigen.
„Meine Lieben! Hört mich an.
Unser Erfolg! Er hängt daran.
Sicher! Wir sind da die Macher.
So etwas, das schafft kein Schwacher.
Doch das ist alles sehr verstrickt.
Es zu erklären ist verzwickt.
Es genügt wenn ich euch sage:
Der Erfolg braucht Penisplage!"

Hodenhannes konnte die Hoden erst einmal besänftigen. Doch dann! Einer der Hoden steht auf:
„Hallo. Ich bin der Naturhoden. Ich weiß nicht was ihr als Erfolg betrachtet. Ich habe erste gestern ein Tier

gesehen. Ein Tier das wir gerettet haben. Es rannte frei und gesund durch den Wald. Das ist unser Erfolg!
Ich brauche keinen Schwanz für meinen Erfolg. Und ich brauche keinen Zuspruch für mein Glück. Was ich brauche ist die Chance zu helfen! Und wenn ich dann Dankbarkeit erfahre, dann bin ich glücklich.
Und das kann ich nicht wenn ich diene. Und ich brauch dafür auch keine positiven Bewertungen, keinen Umsatz oder keinen Chef der mich geil findet. Macht was ihr wollt. Wir gehen!"

Die Hoden schauen sich an. Manche kommen ins grübeln. Hodenhannes ergreift sogleich das Wort. Er muss jetzt richtig gegensteuern. Wenn er seine Aufgabe nicht erfüllen kann ist alles verloren. Penispeter war da ganz deutlich in seiner Aussage:
„Durch Dankbarkeit das Glück erfahren?
Was ist denn das für ein Gebaren!
Lasst euch nicht sowas erzählen.
Erfolg! Das heißt: man muss sich quälen.
Was wollen die dann einmal machen?
Darüber sollte man nur lachen.
Kommt und kümmert euch um Geld.
Ich weiß wie euch sowas gefällt!"

Die Hoden sind skeptisch, stimmen aber zu.
„Die paar Spinner brauchen wir nicht. Lasst die Ökos im Wald verschwinden. Wir kümmern uns um den Erfolg und hören auf Hodenhannes!"

Auf einmal ist die Skepsis gegenüber Hodenhannes verschwunden. Die Hoden laufen zu ihren Schwänzen. Gewöhnen sich wieder an das alte Muster. Es ist nicht ganz wie früher. Aber bedeutend besser für die Penisse.

Es geschieht drei Tage später und im Internet taucht ein Video auf. Hodenhannes gerät auf der Straße mit einem Schwanz in Streit. Der Schwanz beleidigt nicht nur Hodenhannes. Er beleidigt auch dessen Mutter. Sie würde wohl den Kühen das Heu weg fressen. Daraufhin kann sich Hodenhannes nicht mehr halten. Er schlägt dem Schwanz so an seine Eichelrübe, dass dieser auf offener Straße nach hinten umkippt. Es wirkt ein wenig gekünstelt. Aber es macht die Säcke euphorisch!
Die Hoden sind jedenfalls begeistert.
„Unser Hodenhannes! Ein starker Mann!"
„Genau! Wir lassen uns nichts bieten!"
„Der hat Mut und Kraft!"

Hodenhannes ist populärer als jemals zuvor. Er genießt es mittlerweile so sehr, dass er kaum noch merkt wem er in Wahrheit dient. Die Hoden vertrauen ihm wieder blind und er animiert sie noch mehr den Penissen zu gefallen. Sie würden damit wohl zeigen, dass sie besser sind. Nach dem Motto: nur Idioten streiten.
Bis auf die kleine Randgruppe in der Natur, die vom Helfen und guten Taten glücklich ist, sind die Hoden schon fast wieder in Dienerschaft. Und Hodenhannes genießt ein Leben wie er es sich nie hat träumen lassen.

ETWAS IST ANDERS

Und genau das macht Hodenhannes zu so einem Vorbild. Diese Errungenschaften in seinem Leben. Sie waren sonst nur den Penissen vorbehalten. Derweil ist es genau das was Hodenhannes zum Sprachrohr der Penisse macht.

Die Penisse verspüren erst einmal wieder Zufriedenheit. Die Hoden sind nun wieder mit dabei, wenn auch noch nicht so regelmäßig. Aber das wird schon noch kommen.

Das Bild auf der Straße ähnelt den früheren Eindrücken vor der Rebellion. Die Hoden tapsen den Schwänzen hinterher. Sie wirken dienend und nicht wirklich erfüllt.

Manche Hoden werden stutzig. Sie reden schon!
„Wie hat es Hodenhannes zu so viel Erfolg geschafft? Wir unterstützen uns alle gegenseitig. Wer nimmt muss auch geben. Aber er hat so viel! Wie macht er das? Irgendwie betrügt er jemanden!"

Die Hoden stellen unangenehme Fragen. Hodenhannes genießt zwar hohes Ansehen. Jedoch dürfen nicht so viele Welten zwischen ihm und den Hoden liegen. Schließlich arbeiten alle immer zusammen.
Hodenhannes bleibt die Skepsis nicht verborgen.

Jetzt muss er etwas dazu sagen. Sonst könnte die Stimmung kippen.

„Liebe Hoden! Gebt nun acht!
Ich hab das schon eher gemacht.
Den Schritt im Leben ohne Schwanz zu gehn.
Viel länger tu ich auf eignen Beinen stehn.
So bin ich weiter schon als ihr es seid.
Bitte kommt jetzt nicht mit Neid!
Bleibt weiter dran und hört auf mich.
Der Erfolg lässt auch euch so nicht im Stich!"

Einige Hoden sind etwas skeptisch bei dieser Begründung. Aber sie können es auch nicht richtig belegen und erklären. Daher verschwindet dieser gefährliche Gedanke so langsam wieder aus den Köpfen.

Die Hoden vernachlässigen jetzt sogar ihre eigenen Projekte! Mal kommen sie zu spät und manchmal überhaupt nicht. Die Sucht nach dem selbst erschaffenen Erfolg nimmt immer mehr ab. Und das alles zu Gunsten der Penisse. Denn dort sind sie regelmäßiger. Sie sind eben auch fordernd und üben immer mehr Druck aus. So vereinnahmen die Penisse immer mehr die Zeit und den Willen der Hoden.

Doch etwas ist anders. Die Hoden dienen den Penissen zwar wieder. Aber irgendwie ist es nicht wie früher. Es fehlt der Elan, das Mitdenken, eben einfach das Engagement. Es wirkt mehr wie eine Pflichterfüllung.

Das machen sie ja wirklich gut. Sie tun eben das was der Schwanz fordert. Aber halt auch nicht mehr.
Beispielsweise verliert ein Schwanz sein Portmonee. Sein Hoden läuft hinterher. Er kickt zweimal dran und lässt es dann liegen. Der Kumpel vom Schwanz, sein Name ist Berthold Penis, sieht es und kommt hinterher gelaufen. Er gibt das Ding dem Schwanz zurück und erzählt, dass der Hoden damit gespielt hätte.

Auf die Frage warum er es nicht aufgehoben hat und dem Schwanz zurück gibt entgegnet der Hoden:
„Damit hast du mich nicht beauftragt! Ich sollte lediglich darauf achten, dass du beim Laufen keine O-Beine machst! Das hab ich getan!"

Die Hoden machen einfach nicht mehr als sie sollen. Da ist kein Antrieb dahinter. Kein Biss! Einfach nur „Dienst nach Vorschrift". Und so ist es bei allen. Die Persönlichkeit und der Wille sind nicht da.
Das missfällt den Penissen ziemlich. Wenn der Hoden nicht mitdenkt müssen sie ja trotzdem alles machen und ständig aufmerksam sein.
Es scheint als denken viele Hoden noch immer an die Errungenschaften des Hodenhannes. Was der alles hat und wie reich dieser ist. Den sieht keiner auf der Straße einem Schwanz hinterher laufen. Mittlerweile munkelt man sogar, dass er einen eigenen Schwanz bekommen hat.

DIE GROßE ERKENNTNIS

Hodenhannes genießt sein Dasein in vollen Zügen.
„Dass ich es mal bis hierher schaffe.
Von oben auf die Leute gaffe.
Das hatte ich so nie gedacht.
Ich liebe diese große Macht!
Sicher! Weisung gibt es auch für mich.
Doch wer dient noch mehr als ich?

Für einen Hoden bin ich gut gestellt.
Ein Leben welches mir gefällt.
Nur ab und an in der Fabrik
schau ich den Hoden übers Genick.
Sie lassen sich schon oftmals gehen.
So bleibt der Umsatz nicht bestehen.
Sie brauchen hin und wieder Druck.
Drum ich manchmal nach dem Rechten guck."

Hodenhannes reicht das vollkommen! Das ist auch klar. So etwas hatte er noch nie gehabt. Doch die Penisse wünschen sich mehr Qualität des Dienertuns. Es muss echter wirken. Mehr Persönlichkeit und Willen wollen sie sehen.
Es geschieht nach ein paar Wochen. Heinrich Hoden und Eduard Penis ziehen durch die Straßen. Heinrich Hoden läuft natürlich im gleichbleibenden Abstand hinterher.

Eduard Penis denkt nach.

„Diese Stagnation! Der trottelt nur hinterher. Das ist doch für beide kein Leben. Das ist so unbefriedigend. Was kann ich nur machen? Ich habe solche Lust auf Veränderung!"

Eduard Penis ist ein besonderer Querdenker. Er hat ein Verlangen nach Veränderung und plant einen waghalsigen Schritt. Er will sehen was passiert. Und er hat ein Gewissen.

Eduard Penis zitiert Heinrich Hoden heran. Er erzählt ihm alles:
„Heinrich Hoden. Eure Rebellion! Sie war besonders! Sie hätte euch viel bringen können. Aber ihr hattet einen gewaltigen Fehler begangen. Hodenhannes war eure einzige Stärke gewesen. Mit ihm stand und fiel alles!

Ihr habt euch von einem Hodensack abhängig gemacht. Und das haben wir erkannt. Richtig! Wir Penisse wussten alles. Und Hodenhannes kannten wir natürlich besonders gut.
Wir haben ihn gekauft. Er hat alles von uns bekommen! Seinen Erfolg und seine Errungenschaften, alles gaben ihm die Penisse. Er wollte nicht ablehnen. Er hat es genommen und euch verraten. Er hat euch wieder in unsere Hände getrieben. Und wir haben euch zurück. Das ist die ganze Wahrheit!"

Eduard Penis fühlt sich seltsam. Was überkommt ihn da? Es ist... Befreiung! Die Wahrheit zu sagen war eine Erlösung für ihn.
Heinrich Hoden hingegen... Alles was er glaubte ist gebrochen. Sein Idol, es ist zerstört. Sein Vertrauen in Hodenhannes, es ist weg geblasen.

Seine Gedanken sagen alles.
„Was hör ich da nur? Das kann nicht sein. Alles umsonst gewesen!? Hodenhannes ein Verräter! Wem kann ich noch trauen? Der Verein geht den Bach runter. Die Firma spült alles in die Tasche von Hodenhannes. Ich habe alles verloren.
Und dieser Eduard Penis? Der hat Schuld! Er zerstörte es, mit seinen Freunden! Ich habe nichts. Und er hat so viel mehr. Er hat.... Was hat er?
Er hat einen Dienerhoden, der nur seine Pflicht erfüllt. Eine Pflicht, welcher er aufgrund einer Lüge nach- gekommen ist!"

Das ist Eduard Penis durchaus bewusst. Darum ist er ja nicht zufrieden! Er denkt ja ähnlich.
Eigentlich hat er fest damit gerechnet, dass Heinrich Hoden verschwindet. Doch das tut er nicht! Er bleibt.

Er bleibt und sagt etwas Überraschendes:
„Dass du mir die Wahrheit gesagt hast macht dich zum besten Freund den ich jemals hatte. Danke dafür! Ich stehe in deiner Schuld."

Eduard Penis ist verwundert und entgegnet mit stotternder Stimme:
„Du stehst nicht in meiner Schuld. Ich habe euch das genauso angetan. Ich habe die Situation verursacht!"

Heinrich Hoden ist sich dessen durchaus bewusst.
„Ich weiß! Aber du hast mit diesem Geständnis die Basis für ein richtiges Miteinander gelegt, nämlich Ehrlichkeit und Vertrauen.
Noch ewig wäre ich dir hinterher gelaufen. Hätt dir gedient aus freien Stücken. Doch du hast dies beendet! Und deine eigene Schandtat gestanden. Du hast Charakter und eine gute Seele."

Eduard Penis ist fassungslos. Er muss sich hinsetzen und antwortet mit tiefen Atemzügen.
„Dass du mir aus freiem Willen und eigener Über-zeugung verzeihst ist das Schönste was ich jemals erlebt habe. Bis jetzt habe ich mir immer durch Intrigen und Macht Freundschaften gesichert. Dass es anders geht wusste ich nicht.
Ich sah mich bis heute als erfüllt an. Doch was ich nun fühle ist neu. Das Richtige zu tun und dadurch etwas zu gewinnen ist besser als alles andere was ich bis jetzt erlebt habe."
Noch nie gingen Penis und Hoden nebeneinander. Es sieht ungewohnt aber zufrieden aus. Da scheint sich echte Freundschaft zu entwickeln.

Und siehe da. Heinrich Hoden gibt Eduard Penis sogar Tipps. Und das aus eigenem Antrieb und aus eigenem Willen. Ist das die Freundschaft wonach sich die Penisse sehnen?
Ein Umgang miteinander auf Augenhöhe. Ist das die simple Lösung? Vertrauen und Unterstützung durch Ehrlichkeit? Ist die Formel so leicht?

Beide kommen an eine Lichtung. Sie hören Geräusche.
Eduard Penis wirkt etwas erschrocken.
„Was sind das für Stimmen? Wer läuft bei solchem Wetter durch die Büsche?"

Heinrich Hoden überlegt kurz.
„Ach! Ich weiß. Das sind solche komischen Hoden. Wir haben nicht mehr viel mit denen zu tun.
Bei unseren Treffen haben die sich eher abgewandt und ihr Ding gemacht."

Eduard Penis schaut fragend.
„Und was ist den ihr Ding? Durch den Wald laufen?"

Heinrich Hoden ist sich nicht so richtig sicher.
„Gute Frage! Lass uns hingehen und einfach schauen. Ich wollte die sowieso mal besuchen. Ich hab das ja auch noch nie so recht verstanden was hier geschieht."

Langsam tasten sie sich ran. Zuerst sehen sie eine große Futtergrippe. Darin sind irgendwelche Kerne und viel

Heu. Es ist schön überdacht und wirklich sehr niedlich gebaut. Alles aus Holz und bemerkenswerter Handarbeit.

Auf einmal ertönt ein lautes: „Halt! Was macht dieser Schwanz hier?".

Heinrich Hoden hat ganz vergessen, dass die Hoden hier nicht den Anweisungen von Hodenhannes gefolgt sind.

Heinrich Hoden versucht zu schlichten.

„Hört mich an! Er ist mein Freund. Nicht so wie ihr denkt. Er hat mir Dinge erzählt, das könnt ihr euch nicht vorstellen.

Setzt euch hin! Wir werden euch alles berichten."

Die Naturhoden hören den Ausführungen der beiden gespannt zu. Die Blicke Richtung Eduard Penis sind sehr unterschiedlich. Von verhasst bis zu dankend ist alles dabei. Nicht jeder erkennt sein Geständnis als gute Tat an. Zumindest nicht, dass es sein Handeln vor dieser Tat aufwiegen könne.

Die Hoden diskutieren. Sollen sie Eduard Penis weg schicken oder erst einmal da behalten? Diese Diskussion ist anders als die anderen Uneinigkeiten die es früher mal gab, so wie bei dem Onlinespiel zum Beispiel. Sie reden sachlich und respektvoll miteinander. Ohne Drohungen oder dergleichen.

Auf einmal kommt ein Reh zur Futterstelle. Es scheint kaum scheu zu sein und frisst. Alle schauen rüber. Sie sind beeindruckt und überrascht. Noch nie hatten sie so ein Tier derart nah und vertraut gesehen.

Heinrich Hoden schaut an den Fuß des Tieres.
„Seht mal! Es hat da eine Verletzung. Da steckt etwas drinnen!"

Ohne zu zögern geht Eduard Penis hin und schaut sich das an. Das Reh ist noch immer ruhig, als wüsste es um die guten Absichten der Gruppe und Eduard Penis.

Er kann helfen.
„Ich habe hier eine Zange und etwas Verbandmaterial in meiner Tasche. Könnt ihr mir das geben?"

Die anderen Hoden könnten auch helfen. Sie wissen was zu tun ist. Aber sie wollen beobachten.

Eduard Penis zieht den Schiefer raus und desinfiziert die Wunde. Das Tier hat Vertrauen zu ihm. Und Tiere sind da sehr wählerisch.
Eduard Penis und Heinrich Hoden arbeiten erstmals wie ein echtes Team zusammen. Vielleicht weil die Arbeit ehrenwert ist? Oder weil es keine Belohnung in Form von Geld oder Anerkennung geben wird?
Noch nie waren Schwanz und Hoden so eine funktionierende Einheit. Nur wenn die Stimmung entspannt und die Gedanken frei sind, dann harmonieren

beide wirklich richtig und sind zu solchen Leistungen fähig. Da kommt dann wirklich was Gutes raus.
Beide sind fertig. Das Tier schaut in die Gruppe. Es humpelt leicht. Aber es wird wieder gesund.
Heinrich Hoden spürt eine tiefe Erfüllung. Er versteht die Naturhoden jetzt viel besser. Und auch Eduard Penis hat noch nie eine derartige seelische Befriedigung gefühlt. Eine tolle Erfahrung für beide.

Glück erfahren durch Dankbarkeit. Dankbarkeit für uneigennütziges Helfen. Nicht für Geschenke, Reichtümer oder Anerkennung. Der Dankbarkeit zu dienen war und ist das Ziel dieser Gruppe.
Und diese Aufgabe hat die erste richtige Freundschaft zwischen einem Hoden und einem Schwanz geschaffen. Indem beide zusammenarbeiten um einem Dritten zu helfen. Einem Dritten der Hilfe gebraucht hat.
Bleibt nur zu hoffen, dass die beiden ihre Erfahrung nach außen tragen können. Das schaffen sie nicht durch Ansprachen oder durch Parolen. Das schaffen sie nur indem sie dieses Gefühl vermitteln. Denn dieses Gefühl der inneren Zufriedenheit über das was man tut kann man nicht beschreiben. Man muss es erfahren.
Und Hodenhannes? Er war der Held der alles ermöglicht hat. Er muss aus diesem Sumpf der Intrigen gerettet werden. Das werden die Hoden ihm schuldig sein.

Er ist ein Opfer der Rebellion.

Weil erst am Ende jeder Mensch versteht:
„Dass miteinander wirklich alles besser geht!"

Doch was ist wenn er es eher erkennt?
Er nicht vor Blindheit sich verrennt?

Er würde sich einen Sinn geben.
Ein neuer Anfang im eigenen Leben.

IN EIGENER SACHE

Hodenhannes sind immer wieder Ablenkungen in den Weg gelegt worden. Sein Pfad zur eigenen Erfüllung war holprig. Doch er hatte es geschafft!
Die Tücken der Penisse zur Verhinderung der Rebellion sind noch raffinierter gewesen. Ablenkung, Spaltung und Manipulation sollten sie ersticken. Kennen Sie solche Methoden aus Ihrem Umfeld auch? Wut, Abneigung, Gruppenbildung – nichts Neues! Oder?
Und was machte die Rebellion zuerst erfolgreich? Es war einzig das Vertrauen aufeinander. Dass sich die Hoden helfen werden. Unvorstellbar in der heutigen Zeit! Oder?
Hodenhannes ist noch immer der bedeutende Anführer. Ein großer Teil der Hoden schwören noch auf ihn. Ist das gut? Warum sind die Naturhoden, die moralischen Pseudoökos, ihm nicht verfallen? Wem ist Hodenhannes eigentlich verfallen? Und warum ist er in dieser Zwickmühle?

Die entscheidende Frage ist:
   „Wie kommt Hodenhannes aus dieser Lage raus?"

Die Antwort auf diese Frage löst mehr Probleme als Sie denken.
Man muss sie nur anwenden.

Ilgen Spock